A ARTE DE ENSINAR A AMAR

Conheça nossos clubes

Conheça nosso site

- @editoraquadrante
- @editoraquadrante
- @quadranteeditora
- Quadrante

*Para Mara, Cosé, Maeves, Juan María,
Tomás, Mabel, Pilar, Meyes e Ángel María.*

JUAN JOSÉ JAVALOYES

A ARTE DE ENSINAR A AMAR

QUADRANTE

Título original
El arte de enseñar a amar

Copyright © 2015 Ediciones Palabra

Capa
Gabriela Haeitmann

Preparação
Lilian Garrafa

Dados Internacionais de Catalogação na Publicação (CIP)

Javaloyes, Juan José
A arte de ensinar a amar / Juan José Javaloyes; tradução de Carlos Henrique Batista. – São Paulo : Quadrante, 2024.
Título original: *El arte de enseñar a amar*
ISBN: 978-85-7465-762-2
1. Educação 2. Educação de crianças 3. Família 4. Pais e filhos I. Título. II. Série

CDD-370

Índice para catálogo sistemático:
1. Educação 370

Todos os direitos reservados a
QUADRANTE EDITORA
Rua Bernardo da Veiga, 47 - Tel.: 3873-2270
CEP 01252-020 - São Paulo - SP
www.quadrante.com.br / atendimento@quadrante.com.br

Parte I
A PESSOA E SUA SEXUALIDADE

*O amor não é só uma tendência,
mas muito mais um encontro,
uma união de pessoas.*

Karol Wojtyla

CAPÍTULO I
COMEÇAR PELO COMEÇO

Pode parecer óbvio, mas, para começar a educar nossos filhos, é muito recomendável saber o que vem primeiro, e começar por aí: conhecer antes a arte de educar, "as regras do jogo". Conhecer o "regulamento" é um passo prévio indispensável; é o que torna possível, por exemplo, jogar futebol com uma bola em vez de três, e que cada time tenha onze jogadores, com diferentes funções e um único objetivo: ganhar o jogo.

Porém, com a educação acontece algo parecido ao que experimentamos quando moramos perto de um monumento – uma pintura, uma escultura ou uma obra arquitetônica: estamos tão acostumados a vê-lo que nem sequer indagamos seu valor ou sua história. Como sempre estamos educando (ou deseducando), esse processo não nos chama a atenção, ainda que facilmente percebamos a diferença entre os resultados de uma boa ou de uma má educação.

A ARTE DE ENSINAR A AMAR

Por isso, é essencial não tomar nada como certo e partir de princípios básicos – válidos para a educação em qualquer âmbito –, que também devem estar presentes na hora de ensinar nossos filhos a amar.

Tudo no momento adequado

Este princípio também pode ser chamado de gradualismo. A natureza, que é muito sábia, impõe-no desde o nascimento. Tranquilidade e boa alimentação parecem ser o ideal do bebê: basicamente, ele dorme e mama. E as coisas vão mal quando ele não dorme – noites em claro, choro contínuo, olheiras no dia seguinte – e quando não mama – perda de peso, preocupações, médicos, exames... Enfim, duas coisas tão básicas expõem toda a nossa impotência. O que não faríamos para que um filho recém--nascido, ou já crescidinho, se alimentasse direito? Na verdade, vemos pais "plantando bananeira" por muito menos.

O fato é que cada coisa tem seu tempo. O alimento do bebê, no começo, é só o leite materno ou um leite especial; depois, vem a papinha doce; em seguida, a salada, a fruta, o ovo, a batata, etc.

Logo, logo começamos a ficar aflitos. A criança que só dorme, que gostaríamos que acordasse para sorrir, para nos ver e ouvir, começa a acordar para pedir alimento em horários que não combinam com o nosso horário de trabalho. A essa altura, o voo de um mosquito é, para nós, como um atentado de um inimigo terrível, que pode acordar o Pedrinho. Para alguns – também é preciso reconhecer –, é o momento de acordar o cônjuge, apertando os olhos para disfarçar, e dizer aquele "Acho que o Pedrinho está chorando...". Que cara de pau!

Em poucas palavras: tal como o sono e a alimentação, tudo vai se ajustando pouco a pouco.

Nós, que nos dedicamos à educação, sabemos o quanto é importante este princípio fundamental do gradualismo. Por mais que nos esforcemos, não há como ensinar algumas coisas sem que outras sejam aprendidas antes. Alguns hábitos simplesmente não são possíveis sem a devida preparação. E esse fenômeno não é exclusivo da educação. Na construção, nas empresas, em qualquer organização ou atividade humana, é preciso seguir uma sequência e esperar que a flor preceda o fruto e que este amadureça, para ser colhido no momento oportuno. A validade desse princípio parece evidente. Mas, na prática, muitas vezes ele não é aplicado à educação. Com efeito, nós, pais, pretendemos exigir dos nossos filhos coisas para as quais não os preparamos, e ficamos angustiados com a demora dos frutos. Ou – o que é pior – nem nos damos conta de que começamos a casa pelas janelas. E quando o assunto é o amor, essa postura acaba gerando clamorosos excessos. Alguns exemplos:

a) O Ministério da Saúde, desconsiderando a aplicação desse princípio básico, lança uma campanha de informação aos jovens para prevenir a gravidez indesejada. Empregam-se cartazes, propagandas na televisão, apostilas didáticas, etc.; tudo apontando para uma única direção. Dessa forma, além de se oferecer a todos o mesmo produto, sem considerar que, em qualquer tema educativo, cada um segue o seu próprio ritmo, apresenta-se o mesmo estímulo a jovens de todas as idades, com cartazes de preservativos e campanhas televisivas chocantes, do tipo: "Aids: assim pega, assim não pega".

b) Não é raro acontecer algo parecido na nossa própria família. Quando aparecem algumas cenas na televisão, ou comentários que aludem ao relacionamento do casal, reagimos dizendo mais ou menos o seguinte: "Ele ainda é muito novo, nem sabe o que se passa". Pois bem, ora queremos que nosso filho seja um Einstein e entenda tudo, ora que seja cego, surdo e mudo, conforme for conveniente para nós. Mas o fato é que as crianças – a seu modo e dentro dos seus limites – captam tudo sempre. Cabe examinar-nos: temos ideia de como os estímulos que, sem refletir, deixamos chegar aos nossos filhos podem afetar a sua educação no futuro?

A ARTE DE ENSINAR A AMAR

Quem o Ministério da Saúde se considera para impor-nos, de forma tão violenta, a sua visão – aparentemente neutra –, sem contar com a opinião dos pais? Estes, ainda que se equivoquem na educação dos seus filhos, pelo menos o fazem com mais carinho.

A consequência que podemos tirar é clara: quero ensinar meu filho a amar, mas não quero sufocá-lo (ao menos intencionalmente). Assim, terei de pensar o melhor plano para ele, que contemple a sua evolução psicológica, afetiva e pessoal. Além disso, tentarei evitar, na medida do possível, submetê-lo a uma prova que resulte num prejuízo à sua autoestima. Primeiro terei que ensiná-lo a somar; depois, a subtrair; e assim por diante. E seguirei uma sequência similar para o tema do amor. Ao final, ele saberá tudo o que tiver de saber: tudo, mas uma coisa após a outra. Cada coisa no momento adequado.

A verdade, custe o que custar

Valoriza-se pouco o que custa pouco. Talvez por isso seja tão difícil dizer a verdade: precisamente para que se note o seu valor; ainda que essa dificuldade também possa servir a alguns como pretexto para se negar a própria existência da verdade (e não devem ser poucos, a julgar pelas abundantes mentiras que circulam).

Nenhum pai, em sã consciência, contaria mentiras aos seus filhos, em qualquer campo educativo:

"Dois mais dois são cinco."
"Os gregos descobriram a América."
"Para ser feliz, deve-se repetir DUBA DUBA DU."
"Quem toma banho com frequência é um nojento."
"O racismo não é bom, mas é melhor que os negros trabalhem em seus países, pois não se adaptam à vida na Europa."

Poderíamos continuar indefinidamente, dando exemplos cada vez mais embaraçosos. Mas fiquemos por aqui.

Da mesma forma, não há dúvida de que assistiríamos a um contundente protesto se alguns anunciantes da televisão ou professores ensinassem esses ou outros disparates parecidos em seus programas ou aulas.

E o que dizer quando o governo é o protagonista de tamanho atropelo? Praticamente, estaria justificada a convocação de eleições antecipadas, pela sua inépcia e mentira ao ensinar coisas falsas aos nossos filhos.

Entretanto, não digo que o amor requeira um cuidado maior que qualquer outro tema (embora essa afirmação seja perfeitamente razoável), mas que devemos dispensar-lhe o mesmo cuidado concedido a outros assuntos. E empregar o mesmo cuidado significa que devemos responder sempre com a verdade a qualquer pergunta dos nossos filhos, por mais inoportuna e embaraçosa que pareça.

É verdade que não é fácil responder certas perguntas, seja porque não as esperamos, seja porque não sabemos como respondê-las corretamente, ou porque nunca encontramos o momento oportuno para fazê-lo. Nessas situações, basta dizer:

– Agora não posso explicar. Pergunte mais tarde que eu respondo.

Naturalmente, quando o filho nos procurar mais tarde, devemos cumprir com a palavra. E se, por acaso, ele se esquecer – porque as crianças intuem como ninguém que tocaram um tema delicado –, será preciso procurá-lo para ter a conversa prometida.

Quase sempre dizer a verdade implica ler algo mais, aprofundar os temas que nos são apresentados, perguntar a outras pessoas, caso não queiramos simplesmente desconversar.

Dizer que os bebês são trazidos pelas cegonhas é tão falso quanto afirmar que o preservativo é a coisa mais natural no amor, ou que cada um pode fazer o que bem entender com o seu corpo.

Explicações como a da cegonha refletem o medo de olhar de frente uma realidade maravilhosa desejada por Deus para a pessoa e que a compromete totalmente; e escondem uma ideia do corpo e da sexualidade pouco digna do ser humano, ou uma visão errônea segundo a qual falar desses assuntos abertamente seria algo de mau gosto.

Por outro lado – considerando ainda o exemplo anterior –, as outras afirmações (como a que se refere ao preservativo) são, no mínimo, superficiais, representando a cultura do consumo, interessada em fabricar e vender produtos relacionados às fragilidades humanas.

Também podem ser manifestações de certas filosofias do indivíduo cujo horizonte é tão pobre que não consegue transcender o próprio umbigo, ou que confunde o ser humano com uma coisa incapaz de ser livre e de amar digna e responsavelmente; que não pensa nem ama, mas somente possui coisas e busca de modo inevitável o prazer: um homem que, em suma, não é alguém, mas algo.

Não há dúvida de que é mais fácil esquivar-nos ao problema, desviando o olhar e deixando que a televisão, o amigo da rua, ou não se sabe quem, ensinem aos nossos filhos mentiras que marcarão profundamente a sua concepção sobre a vida e o amor.

Em outros capítulos, procuraremos aprender a maneira de responder, repassando os conhecimentos que devemos ter. Neste ponto, só queremos ressaltar fortemente que, em matéria de educação, a verdade é o único meio que resolve sempre, ainda que tenhamos dificuldade para nos aproximarmos dela e precisemos superar algumas disposições pessoais de timidez, insegurança ou falta de preparo.

A verdade é o único meio que resolve sempre.

Planejar sempre adianta

Pouco tempo atrás, ensinaram-me a observar a diferença entre duas pessoas, uma sistemática e ordenada, e outra inquieta, desordenada e pouco previdente, pelo modo como abrem uma caixa contendo um aparelho de DVD.

A última abre a caixa, tira o aparelho, conecta os cabos onde for possível, liga a televisão e, ao verificar que a tela está sem imagem, mexe nos fios, dá umas batidinhas de qualquer jeito no televisor e no aparelho e devolve-o à caixa. Só então lê o manual de instruções, para saber o modo de fazer as ligações.

Já a pessoa sistemática e ordenada abre a caixa do mesmo jeito, mas a primeira coisa que pega é o manual de instruções. Observa o modo indicado para desempacotar o aparelho e seguir os passos da instalação. É claro que, assim, as chances de que a televisão e o DVD funcionem desde o início são maiores. Ora, seguindo as instruções, qualquer pessoa é capaz de fazê-lo.

O terceiro princípio geral da educação fica bem ilustrado com esse exemplo: para que as coisas funcionem, temos de seguir o manual de instruções. Na educação dos nossos filhos, também existe um manual que temos de ir elaborando: com os nossos objetivos, os meios que empregamos para alcançá-los, o tempo que dedicamos a essa tarefa, o modo como avaliaremos os avanços, o momento em que nos questionaremos se estamos no caminho certo, etc.

Se verdadeiramente queremos educar os nossos filhos, é indispensável um mínimo de planejamento. Em outros títulos desta coleção, poderemos ver como se faz esse planejamento e quem deve intervir nele; nos próximos capítulos, encontraremos alguns exemplos. Mas, desde o início, devemos estar conscientes de que, sem fazer nada, é difícil conseguir algum resultado. Em outras palavras: se desejamos educar nossos filhos para que saibam amar, já sabemos que é necessário planejar, nem que seja só um pouco. Do contrário, corre-se o risco de que, assim como no exemplo do DVD, a imagem do nosso filho fique distorcida ou até aniquilada.

O traço mais fascinante da educação é que sempre há a possibilidade de repensar os planos traçados, de modo que, se uma pessoa, de fato, quiser, sempre será tempo de começar novamente.

Começar é importante, mas não basta

Depois de planejar a educação dos nossos filhos, gradualmente e sempre com veracidade, custe o que custar, é preciso começar a trabalhar e a avaliar os passos dados, dedicando o tempo necessário a essa tarefa.

Para fazer essa avaliação, basta uma conversa tranquila entre marido e mulher, de vez em quando, reavaliando cada filho; e, durante os anos escolares, deve-se conversar com o professor, quantas vezes for preciso, para conhecer melhor o próprio filho, que muitas vezes se manifesta com outras características na sala de aula.

Tais conversas também servem para o casal colocar-se de acordo quanto a questões fundamentais da educação, e são ocasiões para introduzir na família realidades diferentes do habitual "trabalho, trabalho, trabalho", que, sem percebermos, nos distancia da realidade que mais amamos e que mais necessita de nós: a nossa família. Alguns problemas de comunicação no casamento podem ser evitados com a simples fórmula de conversar com mais frequência. Além disso, ter nossos filhos como tema de fundo do nosso diálogo é um meio seguro de alimentar nosso amor.

Por vezes, como fruto dessas conversas, chegaremos à conclusão de que é preciso estudar algum tema com maior profundidade, aconselhar-nos com uma pessoa da nossa confiança, ou comprar algum livro que possa nos ajudar.

Como tudo o que estamos falando é simples, parece fácil; inclusive tão fácil quanto desnecessário. Mas não é bem assim. O simples nem sempre é fácil, principalmente quando exige a constância diária para criar as condições educativas e familiares adequadas para assegurar a formação dos nossos filhos. Por ser algo simples, não poderemos desculpar-nos com a nossa falta de sabedoria. Devemos ser os melhores educadores dos nossos filhos, porque nenhum professor os ama mais do que nós e porque, entre os dons invisíveis do amor entre marido e mulher, encontra-se o do sexto sentido para saber do que os nossos filhos precisam, ainda que nem sempre reparemos nisso. Acontece com esse sexto sentido algo parecido com o que acontece com o bom senso, que raramente se encontra e cujo significado raramente se conhece.

COMEÇAR PELO COMEÇO

Só tem valor o que exige esforço

Hoje em dia, são muito comuns anúncios do tipo "Aprenda chinês em quinze dias", ou "Curso on-line para aprender a tocar violão sozinho". Não se põe em dúvida o engenho da publicidade para chamar a atenção e continuar promovendo seus métodos "sem esforço". Por outro lado, a cultura da imagem, na qual estamos imersos, instala-nos num mundo um tanto quanto irreal e irreflexivo, que nos aproxima do que é mais distante e desconhecido, e nos leva a acreditar que, com o simples fato de pensar, já está praticamente tudo resolvido.

Nós que somos pais sabemos o quanto é preciso repetir a mesma coisa, até que, por fim, graças à nossa diligência, ela se efetive.

Não se aprende nada sem esforço.

Essa é uma verdade que se aplica com maior razão às coisas que exigem o empenho de todas as nossas qualidades para serem conquistadas: não se aborrecer, pensar primeiro nos outros, compartilhar com alguém o que eu gosto, ser ordenado, ajudar em casa sem que tenham que me lembrar, etc.

Um indício de que vamos por um bom caminho é comprovar que as coisas em que instruímos nossos filhos custam esforço a nós e a eles. De modo que, se a educação dos nossos filhos não nos custa nenhum esforço, é possível que simplesmente não estejamos fazendo nada. E o mesmo vale para o nosso filho: se não lhe custa nada aprender a amar, é provável que, na verdade, não esteja aprendendo a amar.

Amar é a atividade mais admirável e sublime que os homens podem realizar, e, por ser a mais valiosa, é também a mais trabalhosa. Estamos fartos de saber que existem muitas confusões e reducionismos sobre o que é o amor, e por isso há tanta desorientação. No decorrer deste livro, procuraremos aprender o seu real significado, para poder ensiná-lo aos nossos filhos.

Antes de continuar

Até aqui, explicamos os cinco princípios gerais da educação, aplicando-os especificamente ao nosso objetivo de ENSINAR NOSSOS FILHOS A AMAR. Vale a pena resumi-los, a seguir, para que não os esqueçamos:

Tudo no momento adequado

Também podemos chamar esse princípio de gradualismo, porque todas as coisas devem ser ensinadas pouco a pouco, e quando a pessoa está preparada para aprender. Assim, asseguramos o sucesso da aprendizagem e facilitamos a segurança e a autoestima dos nossos filhos.

A verdade, custe o que custar

O princípio da veracidade é mais complexo do que parece à primeira vista e exige de nós não baixar a guarda em nenhum momento e vigiar o que os políticos e os agentes que intervêm na educação dos nossos filhos estão dizendo sobre o amor; comporta também estudar o necessário para não ser simplista – mas simples – nas nossas respostas.

Planejar sempre adianta

Se encararmos a educação dos nossos filhos seriamente, como um trabalho profissional, não permitiremos que ela se desenvolva ao acaso. Marido e mulher, nessas conversas que não podem faltar sobre cada filho em particular, devem ponderar como podem ajudá-lo, por meio de um plano de ação determinado, em que se concretizem objetivos, ações, prazos, avaliações, etc.

Começar é importante, mas não basta

Educar é uma tarefa que dura toda a vida. Às vezes, não é difícil colocar em prática um plano concreto, mas sim manter a constância, a confiança e a paciência, para não deixá-lo morrer. É fundamental ter em conta que o amor é uma virtude na qual sempre se pode crescer; a cada dia, dispomos de novas situações para exercitá-la e para ensinar nossos filhos a colocá-la em prática. À medida que vão crescendo, precisam conhecer os novos processos fisiológicos, afetivos, intelectuais e pessoais que os afetam, e nós temos de estar sempre junto deles. Por isso, convém tomarmos consciência de que não basta começar a educar. Além do mais, será sempre gratificante estar ao lado dos nossos filhos no decorrer do desenvolvimento da sua personalidade.

Só tem valor o que exige esforço

Ter coisas é um processo que não nos compromete: mesmo que aparentemente não seja fácil consegui-las, logo nos damos conta de que são algo externo a nós mesmos. No entanto, conhecemos bem a satisfação interior de que desfrutamos quando somos capazes de trabalhar para obter nossa própria melhora pessoal. Estar atento a cada um dos nossos filhos não é tarefa fácil, mas é altamente gratificante; e o será ainda mais se constatarmos que eles mesmos se esforçam, com entusiasmo, para conseguir as metas que seus pais lhes sugerem e, depois, as que eles mesmos se propõem. Vale a pena.

CAPÍTULO II
CONSIDERAR A PESSOA NA SUA TOTALIDADE

A pessoa é uma só. Todas as divisões que fazemos – corpo e alma; conjunto biológico, afetivo e intelectual; inteligência e vontade, etc. – não são mais que diferentes aspectos a partir dos quais podemos nos aproximar da pessoa na sua totalidade, para estudá-la melhor. Mas esses aspectos não podem levar-nos a esquecer de que somos uma unidade.

Na educação, nunca podemos perder de vista a unidade integral e total da pessoa.

Percebemos essa realidade diariamente. Basta uma dor de dente para que não entendamos com clareza o que é dito numa reunião, ou para que fiquemos sem vontade de escutar nossa música favorita. Uma pessoa sofrendo uma forte dor de dente não está para ninguém, exceto para o dentista.

A ARTE DE ENSINAR A AMAR

Da mesma forma, lê-se em todos os livros de aprimoramento profissional que não é aconselhável tomar decisões importantes quando estamos irritados e dominados pela ira. Aplicação disso à educação dos nossos filhos: quando estamos nesse estado, não devemos repreendê-los, porque facilmente acabaremos não sendo ponderados nem razoáveis.

Nossa vida afetiva influi em nossos juízos: basta ver como a paixão cega as pessoas num estádio de futebol.

Mas também podemos considerar alguns exemplos do efeito inverso: a vontade e a inteligência ajudam-nos a suportar melhor situações difíceis, como a forçosa inatividade por causa de uma doença ou de um acidente. Já conhecemos mais de uma pessoa com alguma deficiência física que vive com alegria. Nós mesmos já pudemos comprovar, em mais de uma ocasião, que a necessidade de terminar um trabalho ou de arrancar um sorriso de um dos nossos filhos no seu aniversário faz-nos esquecer completamente o cansaço e os desgostos acumulados ao longo do dia.

Para ensinar nossos filhos a amar, é preciso ter muito em conta a unidade da pessoa, pois só ela ama – e o faz com sua unidade e sua totalidade. Ama-se com o corpo, com os afetos, com a inteligência e com a vontade. Por isso, temos de educar o corpo e os afetos junto com a inteligência e a vontade, para que aprendam a amar.

A pessoa é mais do que o seu corpo

Atualmente, são muitos os que vivem e explicam o amor como se as pessoas fossem somente corpo. Nesses casos, a educação para aprender a amar reduz-se a conhecer o funcionamento do organismo e as reações que nele se produzem ante os diferentes estímulos a que pode ser submetido.

No mundo editorial, algumas revistas se dedicam, com incansável afã, semana após semana, a ilustrar essa flagrante redução do amor: tratam de sexo, carícias, orgasmo, doenças sexualmente transmissíveis, etc. Os que partilham dessa visão reducionista encolhem o universo de sua vida; a maior criatividade nas variações sobre o mesmo tema não é capaz de impedir a tristeza que os invade após a permanente insatisfação, cheia de prazer e nada mais.

Isso acontece porque não compreenderam que a pessoa é mais do que um corpo, e porque não se preocuparam em educar os afetos, os sentimentos, a vontade livre e a entrega ao próximo.

Também não são poucos os que nos confundem com as suas palavras e ações e, indo além da expressão corporal do amor, fixam-se nos sentimentos, para, a partir deles, julgar tudo o que acontece com as pessoas. Não sei bem como conseguem, mas pretendem nos fazer chorar com suas histórias cheias de sofrimento e desilusões. Simplesmente não estão dispostos a fazer os esforços e sacrifícios que – como bem sabem os pais – toda ação de amar traz consigo; e, de vez em quando, justificam-se e buscam seguidores, a fim de que a solidão que cultivam se faça acompanhar de gargalhadas, já que não podem desfrutar da autêntica alegria do amor.

Provavelmente como reação a essa situação, também existem os que pretendem esconder que o corpo, o sentimento e a paixão estão presentes no amor: apresentam-no como algo tão sublime que não parece apropriado sentirmo-nos como pessoas de carne e osso que vivem neste mundo. Desconhecem também algumas características básicas das pessoas. De gente assim, porém, não é preciso ter medo, pois, tal como estão as coisas, não parece haver tantos adeptos da sua teoria...

O amor manifesta-se por meio da emoção, da paixão, do sentimento, da sexualidade corporal, da inteligência e da vontade. Ao amar, a unidade da pessoa se coloca em evidência e se entrega de tal forma que compromete sua intimidade mais autêntica.

Ao educar nossos filhos, ensinamos-lhes como é a sexualidade masculina e feminina e como o prazer está associado à entrega no amor; também lhes ensinamos a colocar todo o nosso ser, com seus afetos e sua vontade, a serviço da pessoa amada: ensinamos a não se servir de... mas servir a...

21

A ARTE DE ENSINAR A AMAR

A inteligência serve para pensar

Já vimos a importância de não ensinar aos nossos filhos algo que não seja verdade. Mas, para que possamos colocar isso em prática, temos de ser críticos em relação a todas as informações que circulam sobre a sexualidade e o amor, pois algumas não são corretas e podem influir negativamente na sua educação.

Precisamente por isso, neste capítulo em que estamos resumindo os elementos com os quais construiremos um plano educativo, começaremos pela necessidade de usar a nossa inteligência para saber tudo o que for possível sobre a pessoa e o amor.

Será preciso saber que o nosso corpo reage de uma determinada maneira ante alguns estímulos e que, no desenvolvimento da pessoa rumo à sua maturidade física, emocional e intelectual, vão se revelando características orgânicas que são sinal visível desse processo. No próximo capítulo, veremos uma tabela de referência sobre o surgimento das características sexuais no homem e na mulher. Já adianto que o centro do amor reside no coração, onde se unem a inteligência e a vontade, e que o controle da sexualidade está em nosso cérebro, que processa a informação transmitida pelas células nervosas, estimuladas sexualmente, para adequá-la ou inibi-la, dando lugar à voluntariedade.

Ao mesmo tempo, devemos considerar a importância da vida afetiva para o amor, tanto no homem como na mulher, cujas manifestações – assim como em outras áreas educativas – se traduzem em comportamentos distintos, fruto de suas bases biológicas distintas, na radical unidade da sua dignidade pessoal.

Precisamos estudar as emoções, os sentimentos e as paixões: tudo o que nos permita conhecer melhor nossos filhos e ajudá-los nessa maravilhosa aventura de amar livremente, que corresponde a uma das mais altas dignidades do ser humano.

Neste tópico do conhecer e conhecer-nos, não esgotamos o tema em nós mesmos. Amar sem referência à pessoa amada é um contrassenso. Portanto, além de conhecer-nos a nós mesmos, em todas as manifestações próprias da pessoa, faz-se necessário conhecer o outro que amamos e a quem estamos dispostos a nos mostrar sem nenhuma defesa; e conhecê-lo em todas as suas dimensões e na sua totalidade como pessoa, mesmo que isso seja árduo.

Por último, e para completar harmonicamente a educação que pretendemos dar a nossos filhos, procuraremos conhecer tudo o que Deus disse – e a Igreja ensina – sobre o amor e a sexualidade. Ou seja, para ensinar o amor a nossos filhos, temos de usar a inteligência deles, para que aprendam a conhecer a si próprios: como é o seu corpo, como a sua afetividade reage, e como eles se comprometem nas suas decisões. Temos de facilitar-lhes ainda o conhecimento do sexo oposto e colocá-los em contato com as leis que Deus deixou impressas na nossa natureza.

Dessa maneira, poderemos conhecer a realidade do amor em todas as dimensões da pessoa.

Não quero um coração que me engane

Não basta conhecer para agir. Que fácil tudo seria se, pelo simples fato de saber o que devo fazer, eu tivesse a força necessária para não voltar a viver de um modo equivocado. Uma vez que nossa experiência próxima está repleta dessas contradições entre o saber e o fazer, não farei especial finca-pé em explicar esse fenômeno humano a que me refiro, definido pela palavra incoerência.

Saber a verdade não é garantia suficiente para vivê-la. Por isso, ensinaremos aos nossos filhos tudo o que soubermos sobre a sexualidade – também a do outro sexo – e o amor, em todas as suas manifestações. Mas não nos contentaremos com isso; antes vamos prepará-los para que fortaleçam sua vontade (com atos livres, é claro).

A educação da liberdade começa com a educação no autodomínio. Neste ponto, as primeiras virtudes que entram em jogo são as relacionadas à fortaleza e à temperança.

Quem não é capaz de ser dono de si mesmo dificilmente será capaz de entregar-se ao outro (e o amor consiste basicamente nisso).

A ARTE DE ENSINAR A AMAR

Por isso, é de vital importância que nos empenhemos em educar nossos filhos, desde bem pequenos, sem caprichos. Os caprichos impedem o fortalecimento da vontade e debilitam a capacidade de amar. Essa educação consiste no exercício de pequenos hábitos que levam à aquisição das virtudes próprias das pessoas que sabem amar.

Esse treino no domínio positivo de nós mesmos, com "exercícios" adaptados à idade e ao grau de dificuldade que se possa superar, aproveitando as situações diárias da vida em família, inclui também os desacertos que necessariamente se produzem nesse processo.

O mesmo orgulho que nos invade ao ver nossos filhos andarem sem nenhuma ajuda (ainda que, de vez em quando, caiam) ou comerem manejando sozinhos os talheres (mesmo que mais de uma colherada termine no rosto ou na roupa) deveria estar presente quando não cedemos a um capricho na comida ou na escolha de um brinquedo inadequado (ainda que proteste, chore ou manifeste o seu desgosto de outra forma).

Esse treino em pequenas renúncias, explicando sempre o seu sentido (não irracionalmente), facilita a aquisição de virtudes que permitem a nossos filhos decidir com liberdade, além de prepará-los para suportar a pressão externa (TV, internet, livros, amigos, etc.) para transgredir as próprias decisões.

Para que o coração não nos atraiçoe, devemos conhecer-nos e aceitar-nos, com nossos pontos fortes e os que podem melhorar; devemos respeitar e compreender as pessoas, para sermos leais com elas; devemos querer aquilo que aprendemos de Deus.

E isso não se consegue sem esforço e decisão.

As traições ao amor nunca são frutos do acaso, mas da postura daquele que não se prepara para amar, com o treinamento diário e sistemático da sua liberdade.

Cada um é cada um

Já é hora de revelar um dos atributos mais atraentes das pessoas: o fato de que cada uma é diferente das outras; de que somos únicos, originais, distintos. Por isso, quando dizemos que queremos dar a todos os nossos filhos as mesmas oportunidades, estamos dizendo um disparate, pois devemos oferecer a cada um as oportunidades de que necessite (que habitualmente não serão as mesmas oferecidas aos outros).

Não se pode educar da mesma forma os que são diferentes. Essa realidade condiciona toda a nossa ação educativa. Temos de PERSONALIZAR tudo o que vimos até agora e o que veremos nas páginas seguintes: cabe a nós, os pais, adaptar estes princípios a cada um dos filhos.

A sensibilidade e a maturidade orgânica, afetiva e intelectual vão se formando com um ritmo diferente em cada um dos filhos, o que nos "obriga" a preparar-lhes uma roupa sob medida. Os filhos experimentam uma grande alegria ao saberem que não os educamos em série, que cada um deles foi objeto de desvelos particulares.

Amamos todos com a mesma intensidade – o amor não se distribui; com a chegada de novos filhos, dispomos de uma nova safra de amor para o recém-chegado –, mas o manifestamos de modo distinto, de acordo com as necessidades de cada um.

Isso vale tanto para as coisas mais espirituais como para as mais corporais. Não engessamos o mesmo braço de todos (algum até se livra de ser engessado) nem operamos todos de apendicite.

O empenho que empregamos em educar cada um dos nossos filhos deve manifestar-se em planos de ação concretos e diferentes para cada um.

Essas diferenças impedem a rotina e a monotonia na educação dos filhos, obrigando-nos a desenvolver o espírito de observação, a manter viva a necessidade de continuar formando-os e a forçar nossa criatividade a serviço de cada filho.

Se essa verdade se faz presente em qualquer aspecto da educação, tanto mais no amor. Sendo o amor uma experiência plena da nossa personalidade, e sendo esta totalmente própria de cada um, a educação exige, sem dúvida, a atenção a essas diferenças individuais.

Caso não queiramos equivocar-nos, teremos de planejar concretizações diferentes na educação de cada filho para o amor, já que ele foi concebido e amado em sua individualidade exclusiva.

Assim deve ser, se quisermos respeitar esse elemento constitutivo de cada pessoa que é a sua própria e original identidade.

O outro também existe

O fato de as pessoas estarem por aí, de não estarmos sós no mundo, não é uma constatação que busque explicar algo ou alguém alheio a nós (como são as coisas).

A presença desse outro é um elemento – se é que assim posso dizer – constitutivo do meu próprio ser.

Às vezes, organizamos a nossa vida como se os outros não existissem, sem nos dar conta de que eles são absolutamente necessários para a construção da nossa própria personalidade.

Isso também acontece com o amor e a sua expressão sexual. Muitas vezes, a educação da sexualidade é identificada com as diferentes formas de obter prazer, a sós ou com outros que também o procuram. Desse modo, é como se os outros deixassem de existir por si mesmos, para existir somente em nosso próprio benefício.

Ao ensinar nossos filhos a amar, será necessário ajudá-los a conhecer não só a própria sexualidade, mas também a que corresponde ao sexo oposto; saberá assim que, ao amar, sua pessoa propõe-se a entregar-se à outra tal como ela deseja ser amada; e isso não é possível sem conhecer como é a sexualidade, a afetividade e a maneira de conhecer do outro, pois, no amor, o outro é mais importante que nós mesmos.

Nossa sexualidade adquire todo o sentido quando é colocada a serviço da pessoa amada e torna possível gerar outra vida.

Deus não é mudo nem impassível

Deus habitualmente se manifesta na natureza própria das coisas, e deixou impresso, na do homem e da mulher, o melhor uso da sexualidade e o fim a que esta se orienta. O homem sempre percebe quando esse uso não é apropriado, pois experimenta em seu interior o sinal de que transgrediu alguma das leis que o Criador previu para a sua natureza, e a consciência avisa.

No entanto, muitas vezes fazemos ouvidos moucos à nossa consciência e agimos de modo contrário ao estabelecido por Deus, que é o que nos traz a felicidade mais completa.

Outras vezes, o que obscurece o juízo moral sobre as atuações concretas de homens e mulheres é a ignorância.

E, em certas ocasiões, são outros interesses – econômicos, sociais, partidários, legislativos... – que impedem a clareza de ideias sobre a sexualidade do homem e da mulher.

Deus e a Igreja não estão mudos e sempre orientam, iluminam e estão prontos para assistir, com sua luz, às novas situações que surgem na sociedade atual.

Quando a sexualidade entre o homem e a mulher não é vivida como Deus quer, a solidão, com seu sabor amargo, instala-se no mais íntimo do nosso ser, e nada, nem sequer todos os prazeres possíveis, consegue nos fazer companhia.

É muito importante completar a educação dos nossos filhos com o conhecimento da moral sexual que a Igreja ensina. Este conhecimento contribui para a expressão criativa e sem temores da sexualidade, bem como para a consolidação da felicidade do homem e da mulher.

Antes de continuar

No primeiro capítulo, repassamos alguns princípios educativos que devemos considerar no momento de ensinar nossos filhos a amar: o gradualismo, a veracidade, etc.

A ARTE DE ENSINAR A AMAR

Neste segundo capítulo, vimos que a pessoa que ama e é amada:

1. É mais do que um corpo: não basta explicar aos nossos filhos como funciona a sexualidade do homem e da mulher; é preciso integrá-la na totalidade da pessoa, com sua afetividade, inteligência e vontade.

2. Deve usar sua inteligência para conhecer a verdade completa sobre a sexualidade, o amor, o homem e a mulher, para conhecer-se, conhecer o outro e conhecer o que Deus disse a respeito do amor humano.

3. Precisa exercitar-se na liberdade, para que o coração não a atraiçoe, deixando-se levar pela emoção do momento ou pelas paixões postas a serviço das emoções ou sentimentos: para amar, é preciso ser dono de si mesmo.

4. Tem consciência da sua identidade original. Cada um dos nossos filhos é distinto: precisamos considerar essa realidade, para aplicá-la às nossas conversas pessoais com eles. Não existe educação em série.

5. Sabe que, no amor, é necessário ter sempre presente o outro. O amor é relação, comunicação com a outra pessoa, de modo pleno, total e para sempre. O amor que só pensa em si mesmo é um amor degradado.

6. Deve contar sempre com Deus para conhecer o melhor modo de ser completamente feliz. Ele sabe e quer o melhor para cada um dos nossos filhos e filhas, ainda que, por vezes, não seja fácil de entender.

A pessoa que ama e é amada é corpo, inteligência, vontade e afetividade.

CAPÍTULO III
A SEXUALIDADE MASCULINA E FEMININA

A radical unidade e dignidade da pessoa tem, ao mesmo tempo, duas expressões bem diferentes: o homem e a mulher.

Essas diferenças manifestam-se interna e externamente: o esqueleto, a composição hormonal, o corpo, os afetos, a sexualidade e o amor têm modos próprios para ele e para ela.

A pessoa da mulher está preparada para receber a pessoa do homem e, nesse ato, gerar uma nova vida (que, nos nove primeiros meses, aloja-se na mãe).

A sexualidade, em todas as suas dimensões (prazerosa, afetiva, cognitiva, criativa, procriadora, unitiva...), cumpre o seu fim específico no ato conjugal, e a educação da sexualidade, para aprender a amar, é uma preparação – a melhor que existe – para a plena doação do homem e da mulher, amando-se.

Neste capítulo, aprenderemos o necessário sobre a sexualidade própria dele e dela, para poder ensiná-la aos nossos filhos, à medida que se realiza neles mesmos.

A ARTE DE ENSINAR A AMAR

PRIMEIRAS REFERÊNCIAS SOBRE AS DIFERENÇAS

	HOMEM	MULHER
ESQUELETO	Predomínio da glândula intersticial e córtico-suprarrenal. Predomínio do desenvolvimento escapular (ombros) em relação ao pélvico.	Predomínio da glândula tireoide e de hormônios ovarianos. Predomínio do desenvolvimento pélvico (quadris) sobre o escapular.
PILOSIDADE	Abundante e distribuída por todo o corpo, mas cabelo mais curto. Aparece primeiro nos genitais, axilas (14-15 anos), bigode e barba (16-18 anos).	Menos abundante, mas com cabelo longo. Aparece nos genitais e axilas.
LARINGE	Voz mais grave devido às cordas vocais mais longas.	Voz mais aguda devido às cordas vocais mais curtas.
SISTEMA LOCOMOTOR	Sólido: musculatura tensa. Pouco desenvolvimento da gordura subcutânea.	Menos notável e muscular. Grande desenvolvimento da gordura subcutânea, bem distribuída por todo o corpo, arredondando-o de modo peculiar (sobretudo quadris, nádegas e ventre).

Descrição anatômica da sexualidade masculina

Partes do sistema reprodutor masculino: testículos, ductos deferentes, próstata, glândula seminal, glândula bulbouretral e pênis.

- Testículos: formam-se a partir da sétima semana de gestação, no interior do abdômen, e começam a descer a partir do terceiro mês, até que, no fim da gravidez, já estão fora. Produzem os andrógenos responsáveis pela diferenciação do aparelho reprodutor e do aparelho excretor. Estão envolvidos pelo escroto, que os protege e ajuda a manter a temperatura adequada para a produção dos espermatozoides (menor que a do resto do corpo). Ao chegar à puberdade, produzem o hormônio testosterona, que provoca a aparição das características sexuais secundárias: alterações ósseas, pilosidade nas axilas e no púbis, etc. No seu interior, encontram-se os túbulos seminíferos, que contêm as células que dão origem aos espermatócitos (futuros espermatozoides). Os túbulos seminíferos juntam-se no epidídimo, onde se armazenam os espermatozoides.

- Ductos deferentes: unem os testículos ao pênis. Por eles circulam os espermatozoides e o sêmen.

- Próstata: glândula produtora de uma substância que ajuda os espermatozoides na sua ação própria.

- Glândula seminal: produz uma secreção que, unida à da próstata e aos espermatozoides, forma o sêmen ou esperma.

- Glândula bulbouretral: produz um líquido lubrificante durante a ejaculação.

- Pênis: é o órgão erétil em cujo interior está a uretra, conduto pelo qual o sêmen ou a urina saem. O pênis termina na glande, que está recoberta por pele – o prepúcio –, que se elimina, quando necessário, mediante a cirurgia de fimose ou circuncisão.
O pênis é o órgão que se introduz na vagina da mulher durante o ato conjugal ou coito. Seu tecido especial é capaz de encher-se rapidamente de sangue, o que possibilita a ereção necessária para a relação sexual.

A ARTE DE ENSINAR A AMAR

Descrição anatômica da sexualidade feminina

Partes do sistema reprodutor feminino: Ovários, tuba uterina, útero ou matriz, vagina e pudendo feminino ou vulva.

- Ovários: estão situados no interior do baixo ventre. Formam-se a partir da sétima semana de gestação nos embriões femininos, ao mesmo tempo em que se inicia a formação do aparelho reprodutor feminino.
Contém os folículos primários, com cerca de 400.000 ovócitos no momento do nascimento, dos quais amadurecerão por volta de 450 óvulos ao longo da vida, desde a puberdade até os 45 anos aproximadamente.
Produzem vários hormônios: a foliculina – durante a primeira parte do ciclo menstrual –, que faz amadurecer o óvulo e prepara a mucosa interna do útero; e os estrogênios e a progesterona, responsáveis pela aparição das características sexuais secundárias durante a puberdade e pelas alterações no útero durante as menstruações.

- Tuba uterina: encontra-se unida ao útero, ao qual conduz o óvulo maduro em cada ciclo, graças às células ciliadas do seu interior. É o lugar onde se dá a fecundação do óvulo pelo espermatozoide.

- Útero: é um órgão musculoso e oco, capaz de alojar o feto, de dilatar-se, por sua elasticidade, durante a gravidez, e de recuperar sua forma depois do parto.
Constitui-se de várias camadas. Uma delas, o endométrio, tem a função de acolher e alimentar o óvulo fecundado. Essa mucosa se solta ao expulsar o óvulo não fecundado para o exterior, regenerando-se a seguir, para começar o ciclo.
Produz o muco cervical durante alguns dias (entre dois e quatro) antes da ovulação. Esta é a secreção que permite a sobrevivência dos espermatozoides por vários dias.

- Vagina: é um conduto dilatável que se adapta ao pênis no ato conjugal. Recebe o líquido seminal e também é o canal por onde o óvulo não fecundado é expelido, com as secreções do endométrio (o sangramento menstrual). Sua entrada está obstruída, em parte, pelo hímen, uma fina membrana.

- Pudendo feminino (vulva): é o conjunto de órgãos genitais externos que circundam o orifício exterior da vagina. Contém a glândula vestibular maior, que possui função lubrificante, e o clitóris, pequeno membro erétil protegido por dobras de pele conhecidas como lábios maiores e menores do pudendo. Entre o clitóris e o óstio da vagina, encontra-se o orifício da uretra. Na parte da frente do púbis, encontra-se o monte do púbis, recoberto de pelos.

Mais sobre a mulher

- Menstruação: ocorre de forma cíclica, a cada 28 dias aproximadamente, como fim de um processo dividido em duas fases; na primeira, o ovário produz foliculina, que faz o óvulo amadurecer e prepara a ovulação (os ovários alternam-se a cada ciclo) e a mucosa interna do útero (endométrio); na segunda fase, a produção de progesterona impede a realização de uma nova ovulação, completa a preparação do endométrio e provoca um aumento da temperatura corporal. O óvulo é recolhido pela tuba uterina e conduzido até o útero, onde morre se não houver fecundação; então, 14 dias depois da ovulação, é expulso pela vagina com a mucosa do endométrio (o sangramento menstrual), e o ciclo começa de novo. A hemorragia costuma durar de três a cinco dias e, por vezes, vem acompanhada de incômodos.

Essas modificações hormonais influem no estado de ânimo da mulher e, por isso, o homem deve manifestar-lhe maior delicadeza. A primeira menstruação ocorre com a chegada da puberdade e é sinal de que o amadurecimento sexual se inicia.

- Fecundação: o óvulo conserva sua vida por 24 horas, enquanto o espermatozoide pode sobreviver cerca de 72 horas dentro da mulher. Durante esse tempo, pode ocorrer a fecundação, se um dos milhões de espermatozoides expelidos na ejaculação for capaz de chegar à tuba uterina e atravessar a membrana do óvulo. Nesse instante, inicia-se uma nova vida, que vai se trasladando da tuba para o útero, onde se implanta e se desenvolve durante toda a gravidez. É nesse momento que o sexo do novo filho é determinado.

- Gravidez: é o período de nove meses que vai da fecundação até o nascimento. Durante esse tempo, o embrião é protegido pela cavidade amniótica e alimentado pela placenta, onde os sistemas circulatórios da mãe e do novo filho se comunicam. Do umbigo do embrião sai o cordão umbilical até a placenta, para transportar oxigênio e outras substâncias nutritivas necessárias ao bebê e para eliminar resíduos. A placenta também se encarrega de produzir estrogênios e progesterona, para favorecer o crescimento do útero e o amadurecimento de elementos necessários na amamentação.

- Parto: quando o feto está preparado, aproximadamente nove meses depois da fecundação, tem lugar o parto. Todo o organismo se prepara para esse momento em que o filho sai do útero da mãe para o mundo exterior.

As fases do parto são: (1) O útero começa a contrair-se, primeiro de forma irregular e espaçadamente; depois, regular e ritmicamente, a cada 15 minutos, 10... Como consequência da pressão do feto, rompe-se a membrana que contém o líquido amniótico, o qual é expelido pela vagina. (2) As contrações vão alargando o colo do útero (dilatação), até que atinja aproximadamente 10 centímetros. (3) Quando o colo está dilatado, o bebê empurra para baixo, aparecendo em primeiro lugar a sua cabeça, depois um ombro e, rapidamente, o resto do corpo. Então se amarra e se corta o cordão umbilical. A criança já nasceu. (4) Depois a placenta é expelida e dá-se início aos cuidados e atenções médicas à mãe e os primeiros exames do filho, para comprovar o funcionamento normal do organismo.

O parto é doloroso, e a preparação desse momento, bem como a presença do marido, facilitam muito, contribuindo para o fortalecimento da unidade e do amor de que o novo filho necessita para se desenvolver harmonicamente.

- Amamentação: o mecanismo que se inicia com a fecundação completa-se com a amamentação. Durante a gravidez, as mamas foram se preparando para esse momento. A primeira alimentação é uma secreção meio amarga – o colostro – que ajuda a eliminar o mecônio intestinal. Imediatamente, aparece o leite materno, enriquecido com proteínas e anticorpos que servirão ao recém-nascido como escudo protetor contra doenças.

Os hormônios que facilitam a amamentação impedem a produção de estrogênios; por essa razão, durante esse período, não ocorre a menstruação (ainda que, em alguns casos, ocorra a ovulação).

O encontro das duas sexualidades

A educação do amor não se limita à informação sobre a sexualidade masculina e feminina. Esta, por sua vez, não se expressa exclusivamente através da relação genital. É a pessoa inteira, completa, total, que se comunica e compartilha a intimidade do seu ser (corporal, afetiva e espiritualmente). Por isso, é impossível desconectar o comportamento sexual do resto da pessoa, como se fosse um ato externo a ela, no qual intervém sem comprometer-se vitalmente.

A sexualidade reage de uma forma comum no homem e na mulher, mas diferentemente. Às diferenças gerais é preciso acrescentar ainda as que são próprias de cada pessoa (que, como vimos, tem uma identidade original e única, com a qual se manifesta sempre).

Podem-se distinguir quatro fases:

A ARTE DE ENSINAR A AMAR

1. Fase de desejo sexual: trata-se da resposta corporal a um estímulo fisiológico ou psicológico (ou ambos). No homem, ocorre a ereção do pênis; na mulher, a lubrificação vaginal. Além disso, verificam-se outras reações secundárias, como a aceleração da respiração e do ritmo cardíaco.

2. Fase de excitação: se a estimulação continua, o organismo entra num estado de tensão muscular, com aumento da pressão arterial e da respiração. Essa fase pode ter uma duração variável, de acordo com as pessoas, entre 30 segundos e vários minutos.

3. Fase de orgasmo: nesta fase produz-se uma descarga do sistema nervoso, que, no homem, coincide com a ejaculação, e, na mulher, com contrações involuntárias e rítmicas da plataforma vaginal e uterina. A musculatura corporal apresenta alguns espasmos mais ou menos fortes, conforme a intensidade do orgasmo, que dura alguns segundos.

4. Fase de resolução: o organismo volta ao estado de repouso. Se houver orgasmo, essa fase será rápida; se não houver, pode durar várias horas, com um pouco de dor genital e congestão pélvica. No homem, há um período de resistência, durante o qual não é possível outro orgasmo. Esse tempo não existe na mulher, que pode ter vários orgasmos sucessivos.

Neste encontro das duas pessoas, é preciso considerar que o organismo da mulher reage à estimulação sexual mais lentamente e de forma mais duradoura, ao passo que o do homem reage com maior rapidez. Por isso, é mais do que importante que o homem envolva a sua entrega com um clima de ternura afetiva, cuidando de detalhes de confiança e expressando com palavras a união não só dos seus corpos, mas de seus ideais e projetos de vida, evitando atropelar o ritmo da sexualidade feminina.

Nesta íntima união de corpos e vontades, resume-se o amor criativo que pode aumentar a cada dia e encontrar novas formas de expressão, respeitando a pessoa amada – não a instrumentalizando em proveito próprio, de modo egoísta – e querendo para ela o seu contínuo aperfeiçoamento pessoal, em todas as suas dimensões. O verdadeiro amor busca o aperfeiçoamento da pessoa amada.

* * *

Para recordar...

Dizer sempre a verdade nos obriga, por vezes, a estudar mais profundamente os temas que os filhos nos apresentam, a perguntar a especialistas, etc.

Os cinco princípios gerais da arte de educar são:

1. Tudo no momento adequado;
2. A verdade, custe o que custar;
3. Planeje, que sempre adianta;
4. Começar é importante, mas não basta;
5. Só tem valor o que exige esforço.

Para ler...

Matrimonio para un tiempo nuevo, de Antonio Vázquez, 8ª ed., Palabra, Madri, 1990 (Coleção *"Hacer Familia"*).

Para pensar...

Você tem um projeto educativo para cada filho?

Você pretende conversar com seus filhos, em cada idade, sobre a sexualidade e o amor?

Pense em quais temas você deve falar com cada filho.

Chegar um ano antes é melhor do que chegar um dia depois.

Para falar...

- Temas para os pais conversarem entre si:
  Comentar e aprofundar os temas expostos no ponto anterior.
- Temas para falar com um filho concreto:
  Tenha uma conversa com cada filho sobre a sexualidade e o amor, de acordo com a sua idade.

A ARTE DE ENSINAR A AMAR

Para agir...

Objetivos de planos de ação:
- Formar-se como pais;
- Conversar (os pais) sobre a sexualidade dos filhos;
- Conversar com os filhos.

Exemplo de plano de ação: "A nossa formação"

Situação: A família Lisar tem dois filhos: Juan, de onze anos, e Sofia, de sete. Os pais, Pablo e Carmina, trabalham; ele, como engenheiro; ela, como decoradora. Alguns amigos lhes falaram da importância da educação da sexualidade. Até agora, não tinham dado importância ao tema e, antes de falar com os filhos, decidiram informarem-se bem.

Objetivo: Formar-se como pais.

Meios: Falar com o preceptor dos filhos na escola, para que os aconselhe por onde começar.

Motivação: Os filhos vão crescendo e é possível que saibam mais que os pais, mas podem não ter os conceitos corretos. Esclarecer-lhes as ideias é uma responsabilidade dos pais, e é urgente fazer isso da melhor forma.

História: Pablo e Carmina falaram com o preceptor do Juan, que lhes recomendou ler o documento *Sexualidade humana: verdade e significado*[1], onde encontrariam ideias para falar com os filhos sobre a sexualidade.

---

(1) Conselho Pontifício para a Família, *Sexualidade humana: verdade e significado*, 08.12.1995. Disponível em: <http://www.vatican.va/roman_curia/pontifical_councils/family/documents/rc_pc_family_doc_08121995_human-sexuality_po.html>.

MASCULINA E FEMININA

Atualmente, estão lendo o livro e elaborando planos de ação para falar com seus filhos. Decidiram voltar a conversar com seus amigos que consideram mais experientes nesses temas.

Resultado: O objetivo de formar-se como pais é uma primeira fase, já concluída; agora devem passar para a fase seguinte: colocar a formação em prática.

Parte II
ENSINAR A AMAR DE ZERO A DOZE ANOS

Se, na família e na escola, há um ambiente de sinceridade, de confiança e de alegria, o problema da educação sexual é resolvido com facilidade.

Víctor García Hoz

CAPÍTULO IV
OS SEIS PRIMEIROS ANOS

Tudo começa quando o nosso filho ou a nossa filha nasce. Inteiramo-nos então de que é um menino ou uma menina e, desde esse momento, começamos a educá-lo como homem ou educá-la como mulher.

Essa afirmação não é um exagero, como veremos mais adiante. A essa altura, sabemos bem que a pessoa manifesta-se como masculina ou feminina, com as características próprias em cada caso. Portanto, parece razoável que, desde o momento em que se dá essa manifestação, procuremos aceitar as coisas como são e não desaproveitar nenhuma oportunidade educativa.

Nessa primeira etapa, há muitas lições e situações comuns para o filho e para a filha, mas também há circunstâncias em que será preciso um tratamento diferenciado para eles.

A primeira coisa a se atender são as suas necessidades biológicas: fundamentalmente, a higiene, a alimentação e o sono, nos primeiros anos dessa etapa.

Mas a criança também necessita sentir o afeto e o carinho daqueles que estão perto dela. Muito cedo, reconhece a voz da sua mãe, o seu cheiro, e percebe se as coisas vão bem ou mal. Antes dos alimentos ou do banho, manifestam a sua inquietação; depois, a sua satisfação, com a realização da sua vontade.

Do ponto de vista educativo, esta é uma das etapas mais significativas. Um ambiente familiar e escolar rico em estímulos de todo tipo – sensoriais, linguísticos e afetivos – facilita um maior desenvolvimento neurológico e previne dificuldades de aprendizado e de adaptação social.

É muito importante não deixar passar esse período sem aproveitar todas as oportunidades de educação dos nossos filhos.

Primeiras referências

As mudanças que ocorrem nesta etapa são as mais intensas de toda a vida. Os filhos nascem com uma dependência absoluta dos pais e, ao completarem seis anos, sua independência é patente: falam para expressar o que lhes acontece, correm de um lugar para o outro, comem e vestem-se sozinhos, e... alguns dão mais trabalho do que quando nasceram.

No seu corpo, o peso e o crescimento vão dando o ritmo do desenvolvimento. Todos os estímulos do ambiente são utilizados para fortalecer o seu sistema neurológico.

Os exercícios físicos contribuem para a evolução da atenção e da inteligência e preparam as crianças para a aquisição de conhecimentos.

A linguagem evolui do balbucio inicial até a expressão dos próprios pensamentos e o aprendizado da leitura e da escrita.

Iniciam-se os períodos sensitivos, ou seja, os momentos propícios para a aquisição de alguns hábitos como a ordem e a sinceridade; começa o despertar religioso.

É nessa época também que as crianças começam a perguntar tudo, querem saber para que serve cada coisa e por quê. A curiosidade é tanta que parece que as respostas não lhes satisfazem.

Sempre querem ser o centro das atenções e, consciente ou inconscientemente, demandam carinho, pois a sua maturidade ainda não é capaz de assimilar as situações desfavoráveis.

Pouco a pouco, vão absorvendo as regras sociais e incorporando o certo e o errado, pelas reações dos seus pais e professores.

Nessa evolução rumo à maturidade – biológica, afetiva e intelectual –, tudo acontece passo a passo, sem sobressaltos nem coisas estranhas.

Primeiro, dá-se conta de que as coisas são diferentes das pessoas; depois, de que, entre as pessoas, há algumas que são como ele e outras, diferentes: descobrem os outros meninos e meninas e tornam-se conscientes da sua identidade sexual.

Dessa maneira, percebe que eles têm pipi, e elas não. Quando isto acontece, perguntam-se o porquê, assim como perguntam o porquê de tudo o que lhes vai chamando a atenção.

As primeiras perguntas que surgem costumam fazer referência às diferenças entre eles e elas, do ponto de vista anatômico:

– Por que o papai tem barba e se barbeia, e a mamãe não?

– Por que a mamãe tem peito e o papai não?

E outras questões desse tipo.

Tais perguntas podem sobrevir no banho, depois de uma refeição, vendo televisão, numa viagem, etc. O fato é que sempre nos pegam desprevenidos (tanto mais quanto mais difícil for a pergunta...).

Ora, como já sabemos que isso vai acontecer, temos de ter as respostas pensadas e ensaiadas, de modo que se adaptem à idade e às circunstâncias de cada filho.

A segunda leva de perguntas diz respeito à gravidez e ao parto. É comum que, perto de nós, entre amigos, parentes ou vizinhos, alguma mulher esteja grávida. Essa circunstância não passa despercebida à natural curiosidade infantil, fazendo com que "disparem" uma rajada de perguntas que nos permitem manter um diálogo íntimo, que pode ser extremamente educativo:

- Por que a mamãe está tão gorda?
- Onde o bebê fica antes de nascer?
- Como ele entrou lá?
- Por onde ele sai?
- Ele não se afoga?
- É menino ou menina?

Estas e outras perguntas similares são feitas sempre no mesmo dia. Por outro lado, não é necessário esperar que eles as façam. Como sabemos que estas questões virão à tona, podemos provocar o diálogo, indo ao encontro da sua curiosidade e adiantando as respostas.

Orientações educativas: cuidar da própria identidade

Já se sabe que a educação começa antes mesmo de o bebê nascer, ao se criarem as condições e o ambiente familiar que o recém-nascido encontrará. Tudo tem a sua importância. Cada vez mais, as pesquisas evidenciam o papel preponderante dos primeiros anos na construção da personalidade de uma pessoa e no seu desenvolvimento intelectual e moral.

Por isso, nosso trabalho como pais responsáveis começa no dia anterior ao início da vida do nosso filho no seio materno.

A identidade própria é essa referência íntima que constitui o núcleo do nosso modo de ser. Ora, a primeira pergunta que a mãe faz ao acordar da anestesia, ou quando toma consciência de que o parto já se realizou, é para confirmar o ultrassom: menino ou menina? Também é verdade que algumas mães surpreendem os pais com outras perguntas prévias sobre a normalidade do bebê (é preciso reconhecer que os pais nunca se preocupam com essas coisas, dando por certo que vai correr tudo bem, mas as mães sempre pensam mais).

Desde esse momento, temos de tratar a criança como o que é: ele ou ela (nas questões em que eles e elas são diferentes, é claro).

No corpo, parece evidente que homens e mulheres não são iguais; tampouco o são – ainda que isso pareça menos claro – na sua afetividade e na sua forma de pensar e querer; de modo que todas essas diferenças devem ser consideradas.

Desde o primeiro dia, temos de vesti-los de acordo com os costumes dominantes, como menino ou menina, pois progressivamente vai havendo uma identificação dos papéis masculino e feminino, nas figuras do pai e da mãe, e a roupa é uma manifestação externa dessa identificação. Para o desenvolvimento normal da aceitação e da expressão da sua masculinidade ou feminilidade futuras, todas as experiências anteriores influem, e esta é uma delas. Assim começa a educação da sexualidade dos nossos filhos, com detalhes pequenos mas importantes: o nome, a roupa e os papéis próprios masculinos ou femininos.

Cada filho tem seu próprio código genético – único e inimitável – e, portanto, requer dos seus pais um tratamento único, não em série, para extrair de si mesmo todo o seu potencial.

Desde o berço, devemos começar a observação e o registro daquilo que possa ser característico, determinante ou importante para compreendê-lo melhor e educá-lo oportunamente.

A não aceitação da realidade nunca traz consequências positivas. Quando se espera um filho e nasce uma filha, é preciso aceitá-la, cuidar dela, tratá-la e educá-la como quem é, e não como queríamos que fosse.

Às vezes, sem que nos demos conta, acaba sendo um pouco mais difícil respeitar a singularidade do novo filho. Refiro-me à situação em que a família tem vários filhos do mesmo sexo, e chega um novo filho do outro sexo. Neste caso, o ambiente dominante na casa será o deles ou o delas, e há o risco do mimetismo desse ambiente em mil detalhes: gostos, brincadeiras, costumes... que não ajudam a desenvolver a identidade básica de homem ou de mulher.

A autoestima e a segurança pessoal básica começam na correspondente educação dele como homem e dela como mulher. (Alguns transtornos da sexualidade futura têm sua origem em situações familiares similares às que acabamos de descrever).

Educação do pudor

Como já dissemos, a educação está repleta de pequenas decisões e de ações consequentes que se realizam a cada dia, sempre com o mesmo empenho.

A educação das virtudes não pode admitir atrasos, e, por isso, a educação do pudor deve começar com estes pequenos detalhes:

Na banheira: só o tempo necessário e, na medida do possível, sozinho. Os pais nunca tomam banho com seus filhos, nem quando estes são pequenos. Todas as questões de higiene são pessoais e exclusivas. Assim que possível, deve-se deixar que tomem banho e se vistam sozinhos.

As carícias são uma manifestação de afeto, e assim as recebem os filhos pequenos e os não tão pequenos; mas devem ser evitadas aquelas zonas mais erógenas, ao colocar talco, secá-lo, etc.

Ao ensiná-los a trocar de roupa – à noite, ao colocar o pijama, ou de manhã, ao vestir-se –, deve-se ensinar que é preciso seguir uma ordem: tira-se uma peça e coloca-se a correspondente; deposita-se a roupa suja no lugar previsto; deixam-se as outras peças ordenadas no quarto. Essas ações devem ser feitas pela própria criança, tão logo possa arrumar-se sozinha, mesmo que não o faça com perfeição.

Ao mesmo tempo, falamos-lhes da devida intimidade e da naturalidade para enfrentar as situações cotidianas: ao sair do banheiro ou do banho, ao secar-se com a toalha, etc.

A educação do pudor começa desde pequenos.

Guerra ao capricho

Todos temos a experiência de que o amor não combina com o capricho, a inconstância, ou o que é fruto de um momento. É muito difícil que uma pessoa caprichosa seja capaz de amar; simplesmente porque o caprichoso é menos livre, e a completa liberdade é uma condição necessária para amar.

Por esse motivo, devemos estar muito atentos aos caprichos que permitimos aos nossos filhos, pois a ausência do mínimo e necessário autocontrole acabará por transformá-los em nossos tiranos.

Sempre deve ser percebida a diferença entre o dia de festa e o dia comum, ou ainda entre o prêmio pela ação merecedora e o nada pelo que é insignificante.

Cada família deve definir as normas que vigorarão em casa, o modo de comemorar os aniversários e as ocasiões em que haverá uma sobremesa especial, para que todos os seus membros possam diferenciar e valorizar as coisas extraordinárias.

Ao educar nossos filhos nos hábitos de higiene, em pequenos sacrifícios na diversão, ou em outras miudezas, em favor do seu irmão ou da sua mãe, por exemplo, estamos preparando-os para amar.

Pautas de ação: responder tudo sempre

Esta é uma regra de ouro; e bem simples, aliás. As crianças perguntam muito e nem sempre consideram as melhores circunstâncias para fazê-lo. Mas, se sabem que sempre receberão uma resposta – em algumas ocasiões, bastará um "já te explico" –, a sua segurança irá se consolidando e a relação de confiança pai-filho será fortalecida.

Evidentemente, essa pauta de atuação não é válida só para o tema que nos ocupa, mas nele é mais importante e mais necessária que em outros assuntos, uma vez que o amor está intimamente vinculado ao amadurecimento da personalidade dos nossos filhos.

Trata-se de responder tudo e sempre, tendo em conta os princípios educativos que já vimos, ou seja: gradualmente, com a verdade, de forma sistemática...

Habitualmente, não teremos de inventar nenhuma estratégia especial para propiciar as perguntas, mas, como cada filho é único, talvez seja preciso provocar, no momento adequado, uma situação que enseje a conversa.

Naturalidade

Os filhos perguntam sem segundas intenções; e nós não temos por que responder de outro modo. A verdade é a melhor resposta sempre, e nada do que Deus criou no homem deve ser motivo de vergonha.

Naturalidade não significa espontaneidade ou descaramento; é sempre o resultado da prática e do autodomínio.

Trata-se de responder diretamente, sem austeridade, com simplicidade. A naturalidade comporta não estranhar nenhuma pergunta. Pode acontecer que as palavras usadas pela criança, ou a forma ou o contexto em que a pergunta é feita, levem-nos a pensar que devemos saber algo mais, ou nos deixem inquietos. Precisamente nessa situação é ainda mais necessário responder com naturalidade. Depois o casal trocará ideias e decidirá se é o caso de aprofundar mais.

Não fornecer mais dados que os necessários

A curiosidade natural da criança satisfaz-se com as respostas dos seus pais. Ela não precisa nem pede mais. Temos de vencer a tentação de querer responder de forma definitiva. Lembremos que a educação dura toda a vida...

Às vezes, não há proporcionalidade e harmonia entre a pergunta e a resposta, seja porque não estamos preparados, seja porque finalmente chegou a ocasião que esperávamos, ou por qualquer outro motivo. Nesses momentos, é como se os filhos se arrependessem de ter perguntado.

Antes dos seis anos, as crianças não costumam estar preparadas para entender as equações do segundo grau, bem como o complexo mundo das relações interpessoais... Perguntam apenas por onde nascemos, e respondemos com a lição doze do Tratado de Ginecologia. Na realidade, se eles quiserem saber mais, depois continuarão perguntando, e teremos a oportunidade de dizer-lhes: amanhã, falaremos mais; não queiram aprender tudo num dia.

A sós

Essas conversas sempre devem ser feitas dentro de um adequado clima de confiança. Nossos filhos devem acostumar-se a falar a sós com o pai ou a mãe frequentemente. Nessas ocasiões, edificamos a relação pessoal que cada um exige.

- A sós, ensinamos-lhe a rezar.
- A sós, ensinamos-lhe a refletir sobre como fez algo.
- A sós, fazemos um pacto com ele para que a mamãe fique mais contente.
- A sós, fazemos uma refeição algum dia, para conversar com a devida intimidade.

Temos de saber utilizar bem esses momentos em que o filho é o protagonista, considerando suas necessidades específicas.

Os filhos são diferentes; portanto, devemos personalizar a educação.

O pai ou a mãe

O trato com os filhos não é exclusivo de um dos dois. Para educá-los, as mães não estão mais bem dotadas que os pais, ainda que, por vezes, como se verá mais adiante, seja mais adequada e eficaz a intervenção educativa de um deles.

Mas, nessa idade, as perguntas podem ser respondidas por um ou por outro, indistintamente. O mais natural será que aquele a quem foi dirigida a pergunta responda.

Em todo caso, as respostas devem ser envolvidas sempre, e em todas as idades, pelo amor do pai e da mãe e pelo querer de Deus.

Dessa forma, a sexualidade adquire a sua real natureza, como expressão da totalidade da pessoa em sua relação com a outra, porque Deus nos fez homem ou mulher.

CAPÍTULO V
ESPERANDO A PUBERDADE

Nessa fase, que vai dos seis aos doze anos, predominam, no desenvolvimento dos nossos filhos, as questões escolares. É uma etapa relativamente tranquila e feliz, na qual se aprendem e se colocam em prática muitas coisas.
Trata-se de uma idade especialmente útil para educar e preparar a chegada da adolescência.

Primeiras referências: no corpo

Dos seis aos doze anos, as crianças experimentam uma grande transformação no seu corpo, que continua crescendo progressivamente e preparando-se para as primeiras mudanças da adolescência.
É muito importante estar atento a essa evolução, cuidando especialmente da higiene, da alimentação, da saúde e do sono. Uma

intervenção a tempo de um especialista, de um médico, de um psicopedagogo, etc., pode evitar maiores problemas no futuro.

A atitude atenta dos pais permitirá reconhecer as reações que se afastam da normalidade (fazendo-o, entretanto, sem alarmismos e aflições que dificultem um crescimento harmônico natural). No fim dessa etapa, aparecem as características sexuais secundárias:

- Pilosidade nas axilas e no púbis.
- Primeira ejaculação.
- Primeira menstruação.
- Desenvolvimento das mamas.

Desenvolvimento da afetividade e dos sentimentos

Ao mesmo tempo em que o corpo vai se desenvolvendo, o comportamento afetivo vai se configurando, e a criança vai tomando maior consciência dos seus medos, temores, alegrias, satisfações e desgostos.

Reações de raiva, por frustração, inveja ou autoafirmação; manifestações mais ou menos violentas na escola ou com os irmãos; respostas irritadas aos pais e professores: tudo isso são situações educativas para que a criança se conheça melhor e para que pais e educadores atuem, orientando as ações posteriores e considerando os indicadores prévios.

As situações em que se observa a afetividade dos nossos filhos são aquelas cotidianas da vida familiar:

- ciúmes pelo nascimento de um novo irmão;
- brusquidões para impedir alguma ação;
- teimosia na escolha de um programa de televisão;
- desejo desmedido do que ele gosta de comer;
- aversão excessiva ao que ele não gosta;
- dificuldade para sair da cama; etc.

Todas essas são ocasiões de autocontrole e de conhecimento muito úteis no processo de educação dos nossos filhos.

Pouco a pouco, a consciência de si vai se formando; e a configuração da personalidade masculina ou feminina continua, devido à crescente identificação com um dos pais, de acordo com o seu sexo.

A imaturidade afetiva própria dessas idades leva-os a querer chamar a atenção, para reivindicar carinho, buscando, às vezes, a exclusividade dos pais perante os outros irmãos, com os quais podem chegar a ser violentos.

Os sentimentos não são muito duradouros e oscilam entre a alegria e a tristeza, ainda que a alegria seja mais permanente, o que faz com que predomine nesse período uma atitude otimista e de bom humor.

As novas situações e problemas podem provocar ansiedade e atitudes de insegurança, que se manifestam na forma de inquietação e desassossego, ante os quais os filhos costumam reagir esquecendo imediatamente as experiências desagradáveis e os temores. Os exercícios físicos e as brincadeiras ajudam a criança a superar esses momentos de instabilidade.

Da lógica à primeira abstração

A partir dos seis anos, a inteligência sensório-motora passa a ser lógica, ainda que necessite dos sentidos para captar as coisas, e vai amadurecendo até o aparecimento do raciocínio abstrato, antes dos doze anos. A criança começa a abandonar a subjetividade e o egocentrismo próprio dos anos anteriores e o seu pensamento se torna mais lógico e capaz de captar as propriedades objetivas das coisas. É capaz de relacionar ideias simples, mas ainda tem dificuldade para chegar a uma definição geral. É um pensamento intuitivo, muito apoiado nas imagens.

O pensamento adquire um papel preponderante, de modo que grande parte das atividades e dos interesses da criança centra-se no terreno da descoberta e do desenvolvimento intelectual. Torna-se mais analítico, com maior disposição para a observação (o que é interessante aproveitar para a sua educação).

Manifesta grande curiosidade intelectual, assim como um forte desejo de exploração e a necessidade de perguntar. Convém proporcionar-lhe muitas oportunidades para que capte novos conhecimentos e os relacione entre si. Para isso, é interessante falar frequentemente com ela. A prática da argumentação e do raciocínio na conversa colaborará para o seu desenvolvimento mental.

Desenvolve sua criatividade criando, a partir de coisas sem serventia, artefatos fantásticos, com senso prático. Atividades como os trabalhos manuais, as construções e as dobraduras são especialmente atraentes para ela, servindo para o desenvolvimento das habilidades intelectuais e para dar vazão à criatividade e à aplicação dos conteúdos aprendidos.

A capacidade de atenção aumenta gradualmente, tornando-a capaz de reter um maior número de estímulos de modo mais duradouro, embora ainda necessite mudar de atividade com certa frequência.

É o momento oportuno para exercitar nela a memória dos detalhes e dos conjuntos de elementos, a classificação e combinação de elementos, bem como as medições.

Suas perguntas e "por quês" têm o objetivo de averiguar a origem e a finalidade das coisas. A resposta tranquilizadora que deixava contente a criança de três ou quatro anos já não lhe satisfaz; busca, por outro lado, conhecer os processos, saber para que servem as coisas, qual é a origem das pessoas e dos animais (interesse pela vida), qual é o fim das pessoas (transcendência), que mecanismos regem ou determinam os processos climáticos, as mudanças de estação ou as leis da natureza.

Interessa-lhe muito tudo o que afeta o seu entorno: a natureza, a vida, as normas, as leis, os mecanismos (pergunta como funcionam os carros, as máquinas, etc.), mas ainda não é capaz de abstrair, trasladar conceitos, aplicar normas ou leis a processos diferentes, etc.

Períodos sensitivos dos hábitos e virtudes

A maior parte dos períodos sensitivos (ou momentos propícios) para a educação da vontade verificam-se antes dos doze anos de idade. Dedicar atenção e tempo à educação dos filhos nesses anos evitará a maior parte dos problemas que podem surgir nos anos críticos da adolescência.

É um momento especialmente favorável para o desenvolvimento de algumas virtudes humanas básicas, aprendendo a lutar para alcançar pequenos objetivos.

Até os seis anos, ocorre o despertar da razão, juntamente com o da consciência moral. A criança começa a ter noção dos valores, embora predominem os componentes racionalistas e memoriais (a regra conhecida e repetida muitas vezes).

Com o uso da razão, compreende o valor moral da verdade e é capaz de esforçar-se por vivê-la – mesmo que às vezes seja difícil –, mostrando com suas palavras e atos o que são interiormente.

A aquisição de hábitos morais fortalece a segurança pessoal, proporcionando facilidade e energia para atingir as metas a que aspira. Pelo princípio da harmonia das virtudes, quando alguma dessas qualidades melhora, todas as outras se aperfeiçoam ao mesmo tempo, pois todas residem na unidade da pessoa.

Convém encaminhar positivamente a sua forte inclinação à amizade e ao companheirismo, ajudando-o a entender que esses valores supõem entrega aos demais, espírito de colaboração e serviço, de lealdade e solidariedade.

A inclinação ao esforço físico, à aventura e à competição pode favorecer a aquisição de hábitos de fortaleza e moderação, virtudes especialmente necessárias para os anos seguintes.

A criança gosta de se sentir importante e útil. As tarefas domésticas e as incumbências na escola preparam-na para ser mais responsável.

A capacidade de raciocínio, o interesse pela integração no grupo e o vivo desejo de justiça favorecerão a assimilação de normas ou regras de comportamento. A disciplina ou autocontrole é um aspecto importante na educação, essencial para o desenvolvimento harmônico da personalidade dos filhos.

É um bom momento para educar a laboriosidade, de modo que arraigue neles o hábito de um trabalho sério e ordenado, que os preparará para vencer a tendência à desordem e à falta de vontade para as coisas que aparecerá com a puberdade. Podem propor-se um pequeno horário de trabalho e esforçar-se por cumpri-lo. Também é interessante que aprendam a utilizar uma agenda para suas tarefas escolares.

Orientações educativas: hábitos, hábitos, hábitos

A introdução intencional e sistemática de hábitos que favorecerão a aquisição das virtudes em nossos filhos representa grande parte do trabalho educativo desses anos, tanto em casa como na escola.

Com paciência, inteligência, criatividade, de modo constante e com alegria, temos de trabalhar aqueles hábitos que facilitam o autodomínio e o autoconhecimento.

Trata-se de estabelecer "rotinas" para a automatização de algumas tarefas que facilitarão depois o exercício livre da virtude correspondente.

Entre os primeiros hábitos que temos de trabalhar, como continuação da etapa anterior, encontra-se a ordem. A ordem material no quarto, deixando as coisas sempre no mesmo lugar (desde que este não seja o chão ou a cama...), definido pela própria criança em conjunto com os pais.

Ordem para entrar e sair de casa, com calma e dando-se conta de que abre e fecha uma porta, acende ou apaga uma luz, deixa a mochila na sua mesa, lava as mãos, ajuda a preparar o lanche, o café da manhã, ou qualquer refeição.

Sinceridade: dizer sempre a verdade. Como as crianças aprendem por intuição, podemos começar dizendo que nós, os seus pais, nunca mentimos. E estamos mesmo obrigados a cumprir com a nossa palavra. Por aí se nota a importância, neste contexto, de pensar antes de falar, porque, depois, os filhos exigirão de nós coerência.

Sem dúvida, dizer sempre a verdade merece um prêmio; por outro lado, a descoberta da mentira produz uma profunda tristeza nos pais, pela perda de confiança que significa. Às vezes, é preciso fazer um pouco de "teatro didático" para mostrar as consequências de um ou de outro comportamento, mas sempre com moderação.

Se uma sinceridade assim prevalece em casa, a quem os filhos irão recorrer quando tiverem alguma dúvida sobre qualquer assunto? Em quem confiarão? Em qualquer pessoa da rua ou nos seus pais?

A educação para o amor não é um fato isolado, mas uma parte de vital importância na educação completa da pessoa.

Generosidade: concretizar pequenos atos de generosidade, com irmãos, amigos, pais, vizinhos, instituições beneficentes, etc. Trata-se de outro exercício do "treinamento" do amor, respeitando a idade de cada um dos nossos filhos (mas sem deixá-los ao acaso, antes preparando-os). A generosidade opõe-se ao egoísmo.

Em casa, há inúmeras ocasiões para exercitar a generosidade: compartilhar um brinquedo, estar disponível para o que a mamãe pedir, ver o programa de televisão de que o papai gosta (e também o inverso: o pai assistir ao programa preferido de um dos filhos, para divertir-se com ele e dar exemplo), telefonar para a vovó, etc.

Fortaleza: a fortaleza nessa etapa é mais difícil para os pais do que para os próprios filhos; mas, se estivermos convencidos de que isso é bom para eles, faremos o que é preciso fazer, mesmo que custe.

A fortaleza nesses anos consiste em suportar os pequenos incômodos que surgem a cada dia, como, por exemplo:

- o frio e o calor;
- fazer primeiro o que estava previsto, para depois comer;

- comer aquilo de que não gosta ou gosta menos;
- aguentar os pequenos machucados, sem reclamar;
- observar o horário de levantar-se e de deitar-se (salvo se tiver sido combinada uma exceção);
- não se queixar.

Um capítulo especial para o exercício da fortaleza são os caprichos, que mencionamos anteriormente. Os caprichos são desejos descontrolados que aparecem com tal força nos pedidos da criança que dão a impressão de que não os atender geraria incômodos comparáveis a uma catástrofe natural...

Os caprichos favorecem a inconstância, a desordem, o egoísmo, o descontrole e o desconhecimento de si mesmo e da realidade, a ira e, não poucas vezes, o desequilíbrio orçamentário da família.

Devemos estar sempre atentos às frestas por onde se introduz o vento gelado do capricho, que paralisa o processo educativo que construímos com tanto esforço.

A relação entre o capricho e a incapacidade de amar é tão clara que se encontra na base de muitos fracassos matrimoniais que poderiam ter sido evitados.

O diálogo sempre adianta

Falar com os filhos é um dos melhores meios educativos que existem. Mas, para que surta efeito, não deve ser um recurso isolado, utilizado só quando há problemas.

É frequente anunciar a algum dos nossos filhos que vamos falar com ele, e efetivamente cumprimos o prometido: falamos com ele; mas o fazemos de modo unidirecional, do pai para o filho. Ora, esse é um falar que não inclui escutar o que o filho possa dizer.

Falar com os filhos assim, mais do que um recurso educativo, corresponde a uma verdadeira "arma educativa", que empregamos para deixar bem claras as coisas e tranquilizar a nossa consciência.

Esse falar, na maioria das vezes, é ineficaz e provoca uma distância entre pais e filhos que não favorece o clima educativo familiar.

O diálogo a que nos referimos inclui, antes de mais nada, escutar os filhos, e constitui a forma habitual de relação na família.

Trata-se de um falar...

- que faz pensar;
- que ensina a conhecer-se;
- que ensina a valorizar os pontos de vista dos demais e os próprios;
- que ensina a contrastar as opiniões dos pais com as dos filhos;
- que orienta as reflexões rumo à descoberta das verdades exploradas na conversa.

Este diálogo é um falar-refletir de escuta ativa, no qual pais e filhos se enriquecem com a troca de ideias e o conhecimento mútuo.

Mas esse diálogo requer um clima, um ambiente propício; e isso não acontece de um dia para o outro. Quando houver essa atmosfera na nossa família, falar sobre o amor – que comporta a descoberta da própria sexualidade pessoal – será sempre frutífero, mesmo que não pareça.

Se falarmos de tudo com os nossos filhos, com a referida intencionalidade, eles nos procurarão para conversar sobre suas dúvidas, suas descobertas e inquietações, e então poderemos ajudá-los a conhecer-se melhor e a concretizar pontos de melhora nas suas vidas.

Os amigos sempre são importantes

Estamos acostumados a ver nossos filhos sempre pequenos e frequentemente esquecemos ou desconhecemos as preocupações que ocupam grande parte da sua vida.

Por esta razão, não damos a importância devida aos seus amigos nem procuramos conhecê-los. Certamente, a influência dos amigos é mais decisiva no período seguinte, a adolescência. Mas, também nesta idade, são interlocutores das primeiras experiências e descobertas da vida, as quais, mesmo que aparentemente não deixem marca, contribuem para configurar a personalidade futura dos nossos filhos.

É de algum colega que ele escuta a primeira piada mais ou menos erótica; do mesmo modo, é a algum colega que pergunta o sentido de uma expressão ou de algumas imagens que ele viu.

Durante o período de formação escolar, nossos filhos passam muitas horas com os amigos, e grande parte do processo de socialização realiza-se com eles. Nos grupos, começa a destacar-se o líder, manifestam-se o agressivo, o tímido, o engraçado... e outros papéis, à imitação da vida adulta, que servem para conhecer e provar possibilidades e limitações.

Podemos estar presentes no grupo de amigos do nosso filho, por meio das conversas que tenhamos com ele, e assim ir descobrindo as influências dos amigos na conformação da sua personalidade. Em qualquer caso, conhecer e manter contato com os amigos dos filhos é sempre positivo para a sua educação, e fundamental para o tema de que tratamos aqui.

É no grupo de amigos – que antes da puberdade costuma ser de meninos ou meninas – onde, às vezes, tem-se experiências, despertam-se curiosidades, ou iniciam-se hábitos que afastam paulatinamente pais e filhos, dificultando o desenvolvimento harmônico da sua relação educativa.

É preciso ter os olhos bem abertos para conhecer os amigos dos nossos filhos, especialmente se algum do grupo tem um ou dois anos a mais que eles, pois os amigos sempre são importantes, para o bem ou para o mal.

Quem se adianta chega antes

A orientação do nosso trabalho educativo com os filhos é sempre preventiva. Procuramos favorecer, acompanhar e orientar o processo de amadurecimento dos nossos filhos, até que se convertam em pessoas plenas e autônomas, e não nos dedicamos só a resolver os problemas e desajustes que necessariamente se produzem neste processo.

Na medida em que essa ação preventiva na educação dos nossos filhos se realizar acertadamente, os desajustes e problemas serão menores e poderão ser resolvidos com maior facilidade, uma vez que eles dispõem do conhecimento que lhes proporcionamos para superar essas situações.

Aplicando essa orientação ao amor e à sexualidade, obtém-se o resultado positivo de nos adiantarmos à maturidade biológica e ao momento em que, "sociologicamente", eles e elas começam a dar-se conta de que são diferentes e a interessar-se por um tipo de relação diferente da que tinham mantido até o momento e da que podem ter com os do mesmo sexo.

Esse momento crucial do desenvolvimento situa-se ao redor dos oito ou nove anos. Nessa idade, precisamos ter várias conversas com eles, para explicar: a relação entre um homem e uma mulher que se amam, manifestada sexualmente; algumas mudanças que experimentarão nos seus corpos mais adiante; as piadas e conversas sobre esse tema que poderão ouvir e as reações que podem ter, conforme o tom delas.

Convém explicar como Deus quer que duas pessoas casadas se unam pelo amor, de tal forma que possa ser criada uma nova vida. Nesse contexto, o órgão masculino, chamado pênis, é introduzido na vagina feminina – que é um orifício que as mulheres têm, preparado para esta finalidade, por onde depois nascerão os bebês –, depositando nela a ejaculação.

Esta união é o final de um processo prazeroso em que marido e mulher expressam seu respeito, seu carinho e sua entrega mútua de corpo e alma. Como dessa união pode resultar uma vida, se Deus assim o quiser, ela não pode ser desvirtuada com brincadeiras de mau gosto.

Dessa forma, geramos confiança e ensinamos como podem agir quando, no seu corpo e nas conversas dos amigos, descobrirem os sinais que lhes explicamos.

Alguns desajustes dos meninos e meninas dessas idades devem-se à ignorância ou aos conhecimentos incompletos ou distorcidos que lhes chegaram por diversas fontes: amigos, revistas, televisão, cinema, etc. Se os pais tivessem intervindo, tal situação teria sido evitada.

O impacto de uma imagem

Durante esse período, sobretudo a partir dos oito anos, e de maneira crescente desse momento em diante, temos de conhecer e valorizar a influência das imagens na educação dos nossos filhos.

Hoje, numa civilização em que a imagem tem um protagonismo ímpar e a erotização da publicidade é mais do que evidente, o impacto de uma foto ou de uma sequência de um filme acontece sem que possamos evitá-lo. Desse modo, é ainda mais necessário adiantar-se a essas situações e esclarecer previamente o significado e o contexto da nudez e da entrega homem-mulher nas relações sexuais.

É muito importante ensinar que a nudez é boa. O corpo humano – do homem e da mulher – saiu das mãos de Deus, e nada do que é criado por Deus pode ser negativo. Além disso, o corpo humano é belo e nos atrai porque participa da Beleza daquele de quem é imagem e semelhança. Para focar adequadamente a questão da nudez, é preciso falar antes da intimidade, que é o contexto próprio para que a nudez aconteça sem violentar a dignidade da pessoa. Quando o nu é a propaganda para excitar a sensibilidade sexual, com outro fim que não o da entrega própria de duas pessoas que compartilham sua intimidade, ele se prostitui, sendo instrumentalizado para uma finalidade distinta daquela que lhe corresponde e lhe é própria.

Se nos introduzimos na intimidade de outras pessoas que não fazem parte da nossa intimidade, assistindo às suas relações mais íntimas, estamos invadindo, consciente ou inconscientemente, a vida interna e própria dessas pessoas. Se olhássemos pelo buraco da fechadura essas manifestações íntimas do amor, nossa vergonha natural nos alertaria de que nossa ação não é adequada; se não tivéssemos essa reação, seria sinal de que perdemos a sensibilidade para respeitar o direito que toda pessoa tem de que sua intimidade seja respeitada.

Quando folheamos uma revista, assistimos a um filme, ou vemos alguém na rua, a situação é similar à descrita anteriormente (mesmo que, nesse caso, as pessoas aparentemente não se importem com aparecer nas imagens e com o uso que os demais façam da sua intimidade). Os efeitos que provocam são de natureza similar.

Não é suficiente ensinar aos nossos filhos que o errado é acessar a intimidade de outras pessoas com as quais não temos compromissos para compartilhar nossas vidas, e não a nudez em si mesma, nem as manifestações de carinho que nesse estado se expressam. Eles também devem saber que essas imagens excitam naturalmente nossa sexualidade e deixam marcas em nossa memória, evocada em outros momentos e utilizada por nossa imaginação com fins distintos dos apropriados. Devem aprender a orientar e preservar a sua sexualidade para utilizá-la plenamente no contexto adequado, no matrimônio, no qual está envolvida a totalidade da pessoa, e não só o seu corpo.

Com essas referências, explicamos-lhes a naturalidade de deixar de ver imagens inoportunas, ou dirigir o olhar a outro lugar, assim como ensinamo-los a conhecer as reações do seu corpo, para atuar com liberdade e domínio sobre ele.

Em outro momento, pode-se aprofundar a questão do respeito e delicadeza que o homem deve ter com a mulher, requerida pela própria sensibilidade, nas conversas e nas diversas situações; e os efeitos que as palavras e insinuações da mulher têm sobre o homem, a fim de que sejam conscientes dos seus atos.

Nessas conversas, sempre se deve deixar a porta aberta para diálogos posteriores, e remetê-los ao sacerdote para tratar de assuntos de consciência. Os pais não podem ser os confessores dos filhos.

A ARTE DE ENSINAR A AMAR

A importância de um horário

Os pormenores têm uma importância especial na educação dos nossos filhos. Um deles é ensiná-los a programar o seu tempo, com a ajuda de um horário. Assim, aprenderão a submeter-se a um plano que previram com antecedência, e a comprovar que podem fazer muitas coisas num dia, se não forem preguiçosos.

Nesse horário, devem ser incluídos o tempo de estudo, o esporte, as outras diversões, os amigos... Enfim, tudo menos o tédio. A exigência e a flexibilidade são os critérios que devem orientá-lo: exigência para não deixar tempos mortos no meio do horário, e para cumpri-lo, superando os caprichos e desculpas (os caprichos continuam intrometendo-se por todas as frestas...); e flexibilidade para alterá-lo sempre que seja conveniente e necessário, ao surgir outra atividade que deva ser incluída.

A presença dos jogos e do esporte nesse horário deve ser expressiva. Nos jogos e no esporte, aceitam-se de bom grado as regras, que ajudam a interiorizar o valor das normas que regulam a ação e a participação das pessoas na sociedade; por outro lado, são cenários formidáveis para conhecer as reações dos filhos, e assim poder ajudá-los melhor na sua educação.

Muitas vezes, os filhos farão parte de equipes, no colégio ou num clube esportivo, o que lhes permitirá viver novas experiências: viagens com o grupo, utilização de chuveiros e vestiários públicos, pequenos sacrifícios na comida, horários dos jogos, etc., são circunstâncias em que se prova a própria personalidade.

Em algumas ocasiões, poderemos acompanhá-los; em outras, não. É importante que saibam manifestar-se a todo momento com respeito para com os demais e para com eles mesmos, cuidando do pudor, com naturalidade, nos vestiários, ao trocar-se ou entrar e sair do banho, utilizando o tempo imprescindível para realizar as funções higiênicas, sem perdas de tempo nem exibicionismos desnecessários, com personalidade. O esporte facilita o bom uso do tempo livre.

Pautas de ação: continuar respondendo tudo

O diálogo é um dos melhores meios educativos ao alcance de qualquer pai ou mãe; e a curiosidade natural é uma das melhores motivações que os educadores podem encontrar.

Não é difícil que, nesse ambiente, se produzam, de forma espontânea, perguntas relativas ao próprio sexo, à gravidez e ao nascimento; ou situações cotidianas nas quais seja fácil *dialogar*, tendo em conta os elementos que vimos no primeiro capítulo: dizendo sempre a verdade, gradualmente, etc.

Por vezes, será preciso preparar o diálogo, para explicar aos nossos filhos algum aspecto da sexualidade que não tenha surgido antes.

Já vimos que, antes de fazerem oito anos, devemos ter tido uma conversa na qual explicamos como nascem os filhos e como se formaram no ventre da mãe, pela união do pai e da mãe, porque se amam; e que assim previu Deus, que dotou o homem e a mulher de uma mútua atração natural e dos órgãos sexuais apropriados para que essa união se realize prazerosamente.

No entanto, durante todo o período, antes e depois dos oito anos, surgirão novas situações e perguntas, que teremos de resolver.

Não podemos "controlar" todas as influências que chegam aos nossos filhos. Os amigos, a televisão, a rua e o colégio ter-lhes-ão transmitido – na maioria das vezes por acaso – expressões ou fatos que excedem os seus conhecimentos; e, com a confiança que têm em seus pais, e da maneira mais inesperada, perguntarão coisas ou empregarão palavras que poderíamos considerar "impróprias" para a sua idade. Aproveitaremos tais ocasiões para esclarecer e desfazer os equívocos já produzidos, reagindo sem estranheza, por mais surpreendente que seja a pergunta.

A sós, é claro

Neste longo período, molda-se a base da identidade pessoal dos filhos, e é muito conveniente que o seu modelo de imitação natural – o pai ou a mãe – disponha de ocasiões para conversar pessoalmente com eles.

Além disso, a singularidade de cada um dos nossos filhos permite que tenhamos em conta a sua sensibilidade particular e única, o seu pudor e as suas próprias experiências.

Cada vez que tenhamos de orientar alguma faceta da educação – intelectual, afetiva, ou de hábitos e virtudes – na formação da personalidade dos nossos filhos, devemos fazê-lo na intimidade de uma conversa privada. Esse é o melhor ambiente para que ele ou ela possam expressar-se com naturalidade e sem dificuldades.

Sempre que formos esclarecer alguma pergunta ou fazer referência ao que vai acontecer na sua pessoa, temos de cuidar das circunstâncias em que o fazemos, procurando que seja a sós. Essa pauta de ação é tão importante que, quando surgir a pergunta intempestiva, uma vez saciada a primeira curiosidade, deveremos dizer que depois falaremos com ele ou ela para aprofundar, esclarecer, confirmar, etc.

Por outro lado, nossas conversas com os filhos não tratarão exclusivamente do tema do amor. São muitas as ocasiões em que será necessário dar-lhes orientações pessoais. Ora, as correções ou os objetivos para ele também devem ser tratados a sós (ainda que, normalmente, os outros irmãos venham a tomar conhecimento, total ou parcial, dessas conversas depois).

Este é um modo concreto de valorizar o pudor em relação ao que é íntimo e pessoal, que também se exercitará depois em tantas outras ocasiões: no banheiro, na piscina, no vestiário, etc.

Naturalidade e delicadeza

Ter uma conversa com os filhos sempre exige esforço. Primeiro, porque é preciso encontrar o tempo físico para fazê-lo (antes dos doze anos); e, justo quando eles poderiam beneficiar-se mais da nossa presença e da nossa ação, estamos entregues à tarefa de construir ou consolidar nosso prestígio, nos primeiros anos da vida profissional.

Mas, além da preocupação por encontrar tempo (que, se nos propusermos e ganharmos um pouco de ordem, poderemos conseguir), precisamos ser capazes de encher de conteúdo esse tempo, preparando previamente as conversas:

- temas e modos de dizer;
- brincadeiras (suas reações...);
- trabalhos e ajudas em casa (distribuição de responsabilidades), etc.

A naturalidade e a delicadeza são duas características das nossas conversas, cuja ausência se nota mais em se tratando de questões relativas à sexualidade e ao amor.

Por vezes, sem nos darmos conta, podemos ser bruscos no uso das palavras ou expressões, ou em determinadas situações; ou podemos expressar-nos com certa rigidez, transmitindo aos nossos filhos a sensação de que causaram uma confusão, ou de que "aí tem coisa".

A naturalidade e a delicadeza a que me refiro são obtidas mediante um pequeno treinamento prévio e específico, e com uma orientação geral da nossa conversa de adulto, impregnada também desse critério.

Dessa forma, além de não nos assustarmos quando o nosso filho de oito anos nos perguntar "o que é um preservativo?", utilizaremos as palavras exatas para expor que alguns homens o utilizam para impedir a possível criação de uma nova vida resultante da união homem-mulher, retendo os espermatozoides masculinos e o líquido no qual se encontram, fazendo, assim, com que essa relação, despojada do seu fim primordial, seja artificial, egoísta e imprópria do amor.

A delicadeza também impedirá certas manifestações do pai diante dos filhos: não fazer brincadeiras com temas importantes;

não fazer piadas ou dizer palavras vulgares de duplo sentido, nem mostrar imagens da intimidade das pessoas que se amam (impróprias para serem expostas aos olhares dos outros).

Estar atualizados

Não é pouco comum que nos "surpreenda" uma campanha geral contra a Aids (vale frisar que o esforço por erradicar qualquer doença é louvável sempre) na qual se faz especial referência ao tema do uso do preservativo ou das doenças sexualmente transmissíveis, tanto em anúncios publicitários como na televisão.

Nesses casos, manifestamos nossa opinião, a favor ou contra, de modo geral, e matizamos este ou aquele aspecto que poderia ter sido considerado. Mas, habitualmente, não pensamos detidamente no efeito concreto que terá produzido em cada um dos nossos filhos.

Do ponto de vista educativo, não podemos deixar passar qualquer oportunidade de falar com os nossos filhos – com diferentes graus de profundidade, de acordo com a sua idade –, para prevenir e amenizar o efeito publicitário, ou esclarecer o significado da campanha, bem como as suas contribuições e limitações.

De igual modo, devemos ter a prudência de conhecer em primeira mão as séries de televisão a que os nossos filhos ou seus amigos assistem, para dar as devidas orientações (incluindo a eventual supressão do programa, se for conveniente, depois de pensar oportunamente).

Para os meninos, o pai; para as meninas, a mãe

Na etapa anterior, era indiferente que quem falasse com os filhos e transmitisse as orientações sobre a sexualidade e o amor fosse o pai ou a mãe. Mas, a partir dos seis anos, a importância e a conveniência de que seja o pai para os filhos e a mãe para as filhas apresenta muitos pontos favoráveis:

- Em primeiro lugar, por começar a estabelecer uma relação de confiança pai-filho, mãe-filha, que adquirirá toda a sua importância nos períodos posteriores;
- Em segundo lugar, pelo modelo a ser imitado, transmissor da carga educativa (que deve ser masculina nos meninos e feminina nas meninas);
- Em terceiro lugar, porque a diferença entre homem e mulher, que se manifesta de forma tão radical no tema, com órgãos e graus de envolvimento afetivo distintos, sugere que a comunicação será melhor entre pai e filho, e mãe e filha.
- Em quarto lugar, porque garante que marido e mulher entraram em acordo, falaram antes, matizaram as observações de cada um e intervieram os dois, com a responsabilidade direta que corresponde a cada um em temas tão importantes como a educação dos filhos.

Naturalmente, damos por certo que, quando houver só um dos dois, sobre ele recairá a responsabilidade de falar e de fazer as vezes de pai e mãe.

Sempre falamos de amor e de Deus

Ao respondermos às perguntas dos nossos filhos sobre sexualidade, ou enfrentarmos uma campanha geral de informação sexual, ou comentarmos algumas cenas de um filme ou uma piada, sempre teremos de colocar cada coisa no seu lugar.

Por isso, não deixemos passar a oportunidade de falar do amor entre um homem e uma mulher, que livremente se comprometem e se entregam um ao outro, cumprindo um desígnio divino.

Quando a sexualidade está unida ao amor – é isso o que Deus quis no casamento e colocou na natureza humana –, não há por que ter medo de expressá-la ou vergonha de explicá-la aos filhos, nas suas manifestações fisiológicas, afetivas, psíquicas e espirituais.

Assim, tudo o que ocorre dentro dele ou dela, bem como os motivos para aprender a amar melhor, adquirem sentido.

* * *

Para recordar...

- Desde que o menino nasce, é preciso educá-lo como menino; e a menina, como menina.
- Promover a ordem e a sinceridade é educar no futuro, prevenir.
- A educação do pudor começa desde pequenos.
- O diálogo é um dos melhores meios educativos.

Para ler...

Proponha-se a ler o livro que corresponda à idade de um dos seus filhos, de preferência o que coincida com a idade do mais novo.

Para pensar...

- Pense em como se vive o pudor na sua família. Prepare um plano de ação para melhorá-lo.
- Pense nos pontos fortes e nos pontos fracos do modo como a sexualidade é vivida em sua casa: TV, revistas, histórias, conversas, filmes, esportes, etc.

Para falar...

- Temas para os pais falarem entre si:

Escolham o tema que mais lhes preocupe no campo da sexualidade, ou aquele que acreditam ser possível melhorar, e tenham uma conversa entre vocês dois.

- Temas para falar com um filho concreto:

Comente com um filho os problemas que encontramos na rua em relação a esses temas, e como devemos agir. (A partir dos cinco anos.)

Para agir...

Objetivos de planos de ação:
- Conhecer melhor os amigos dos nossos filhos.
- Saber o que leem e veem.
- Conversar com os filhos sobre a sexualidade.

Exemplo de plano de ação: "Ana faz oito anos"

Situação: Ricardo e Maria casaram-se há nove anos e têm três filhos: Ana acaba de fazer oito anos, Sílvia tem seis, e o pequeno Luís, dois. Participam de uma Escola de Famílias, e o instrutor na última reunião propõe-lhes como objetivo ter uma conversa com Ana sobre o tema da sexualidade.

Objetivos:
- Conhecer melhor os amigos dos nossos filhos.
- Saber o que leem e veem.
- Falar com os nossos filhos sobre a sexualidade.

Meios: Num sábado, Maria e Ana irão juntas a uma sorveteria, tomarão um sorvete e falarão das suas coisas.

Motivação: Maria pediu conselho a Ana, pois gostaria de falar com a sua irmã Sílvia sobre "como os bebês nascem", e precisava saber o que a Sílvia sabia sobre esse assunto.

História: Ana gostou do fato de sua mãe lhe pedir conselho. Falou com alegria e desenvoltura sobre tudo e um pouco mais. Falaram do nascimento dos bebês, da intervenção do pai, dos namorados pela rua, dos nus nas revistas e na televisão, e de muitas outras coisas. A conclusão que Maria tirou é que Ana sabia muito mais do que ela podia imaginar: tinha uma amiga no colégio que lhe falava tudo; tinha algumas ideias um pouco confusas e outras claramente equivocadas.

Maria procurou esclarecer suas dúvidas, e decidiram continuar falando sobre o tema.

Resultado: Hoje em dia, as crianças sabem muito mais do que os pais imaginam. Oito anos é uma boa idade para deixar tudo claro para eles. Essa conversa serviu para a mãe ganhar a confiança da sua filha em temas difíceis. Será conveniente continuar falando desses temas para aumentar a confiança entre mãe e filha. Isso é muito importante para que os filhos não tenham dificuldade de perguntar quando precisem.

Parte III
SEXUALIDADE E AFETIVIDADE DOS ADOLESCENTES

A sexualidade humana, graças à lentidão no amadurecimento das estruturas neuropsicológicas que a torna possível, tem essa característica do inacabado, aberto, indeterminado e confiado à liberdade.

Aquilino Polaino

CAPÍTULO VI
A ADOLESCÊNCIA JÁ CHEGOU

Primeiras referências

A quantidade de mudanças e novidades experimentadas pelo ser humano nesta etapa é tão grande que quase poderíamos dizer que ele nasce de novo; com a diferença de que, na adolescência, construímo-nos a nós mesmos.

Se cada um é cada um em todas as etapas da vida, na adolescência essa afirmação pode ser feita com mais força e propriedade; e as diferenças entre eles e elas são ainda mais acentuadas: no ritmo de crescimento, na intensidade da percepção das várias diferenças, nas manifestações de maturidade; tudo indicando que as estratégias educativas devem ser distintas.

O surgimento da abstração permite ao adolescente dar-se conta de que tem "poder" sobre ele mesmo. Percebe que pode escolher e "competir" com aqueles que até agora escolheram por ele: os seus pais.

A ARTE DE ENSINAR A AMAR

Com a chegada da adolescência, tudo começa de novo. É como se o próprio corpo, os próprios sentimentos – o "eu", em uma palavra – despertasse de uma letargia e começasse a fazer barulho para chamar a atenção sobre si mesmo, em primeiro lugar, e sobre todos os demais – o mundo e o universo inteiro –, com um slogan mais ou menos assim: "Aqui estou EU, pessoal; EU, o único, o incomparável, o mais EU".

Como os primeiros que se surpreendem com essas mudanças são eles mesmos, passam horas e horas olhando-se no espelho para RECONHECER-SE. Até agora, não sabiam bem como eram (não tinham plena consciência), ou não se importavam muito com isso; agora, no entanto, a consciência de si mesmos é um componente essencial do seu desenvolvimento.

Externamente, o crescimento físico é a primeira coisa que nos chama a atenção. As mães são as primeiras a perceber que tudo vai ficando pequeno para eles.

Com a altura, aumenta também a sua força; força que, no início, não são capazes de dominar, provocando mais de um desgosto, pois dão a impressão de tropeçar o tempo todo e derrubar qualquer coisa que esteja nas suas mãos. Para "medir" essa energia e conhecer seus limites é que os adolescentes (especialmente eles) frequentemente são vistos pulando, correndo ou empurrando-se quando andam juntos pela rua, ou simplesmente ao cumprimentar-se. Daí a importância da educação física e da prática esportiva para eles.

Outra mudança importante é a que se verifica na sua afetividade; e eles a percebem.

Sem dúvida, os outros também a notam: mudanças súbitas de humor, suscetibilidade à flor da pele... Não podemos falar-lhes sem que tenhamos a impressão de que não acertamos as palavras, a julgar pelas suas reações.

A verdade é que eles também sofrem nessa época. O conflito entre o que sabem que devem fazer e o que fazem nem sempre é proposital; instintivamente "defendem-se" de tudo o que não tenha passado pelo crivo do seu eu, e têm muito trabalho para equacionar as situações sem choques.

Progressivamente, as "coisas de criança" vão ficando para trás, mas ainda não podem, nem sabem, comportar-se como adultos. Essas reações deixam os pais perplexos, se não as tiverem incluído entre os elementos próprios com os quais contamos para educar. Este é o marco de referência em que incluímos a fase atual da educação dos nossos filhos para o amor.

Como acontece em outros campos, descobre inicialmente a própria sexualidade com uma força inusitada, pois o início da adolescência corresponde precisamente a um sinal hormonal que provoca a aparição das características sexuais secundárias: pilosidade no púbis, primeira ejaculação nos meninos e o desenvolvimento das mamas e o início, mais ou menos regular, da menstruação nas meninas por volta dos doze anos.

A novidade dessas sensações chama a atenção dos nossos filhos, somando-se a outros fatores (crescimento físico, ambivalência afetiva, insegurança, etc.) que completam esse período tão importante e de grande valor educativo que é a adolescência.

A sexualidade manifesta-se por meio dos dois componentes do amor – *sexus* e *eros* –, que evoluirão de modo distinto nele e nela, até atingir a maturidade, na fusão de ambos na pessoa amada.

Por *sexus* entendemos o impulso sexual que se expressa na união corporal; por *eros*, a ternura presente no amor psíquico, de conteúdo não corporal.

Esses dois elementos – *sexus* e *eros* – estão dissociados durante toda a adolescência, ficando a sexualidade isolada na própria pessoa, como se ignorasse sua finalidade, até os dezesseis anos, quando o instinto começa a buscar o seu objeto no sexo oposto. Essa evolução é vivida de forma completamente diferente no homem e na mulher, dos doze aos dezesseis anos.

Nos meninos, normalmente existe mais curiosidade em relação ao próprio sexo do que nas meninas. Por essa razão, o autoerotismo pode aparecer com maior intensidade neles.

Para as meninas, o sexo é uma questão secundária; o importante para elas é o outro elemento do amor: a ternura. O *eros* está relacionado com a feminilidade. Elas se deleitam muito com a beleza física que vão adquirindo: são presunçosas e vaidosas. O perigo do narcisismo está mais próximo do que nos meninos. Mas, junto ao desejo geral de agradar, há nelas um pudor natural que, se o ambiente em que se encontram facilita, leva-as a preservar seu próprio corpo e seus sentimentos do olhar e da curiosidade alheia.

É na adolescência que se descobre o outro sexo como tal, e se manifesta um interesse por ele. Essa atração mútua passa por distintas fases: no início, há grupos unissexuais isolados. Entre os dois grupos, há somente contatos esporádicos, mas não para comunicar-se, e sim para manifestar antipatia e hostilidade (fase do "desprezo e da brincadeira"). Depois, vai se formando um grupo misto, do qual, pouco a pouco, vão-se separando alguns casais, que às vezes se consolidam na fase seguinte. Toda essa situação costuma ser um pouco mais problemática para os meninos, nos quais se manifesta a timidez ou a agressividade, como um mecanismo de defesa.

Essas experiências evoluem de modo diferente nos meninos e nas meninas. Neles, a presença do *sexus* tinge de caráter erótico as suas imaginações, mesmo que estas sejam idealizadas. Nelas, o componente *sexus* do amor aparece mais tarde, uma vez que a excitabilidade sexual permanece ainda um pouco difusa, sem localização precisa nos órgãos genitais.

Os adolescentes de ambos os sexos sonham com o amor e amam o amor muito antes de conhecê-lo. Idealizam-no e confundem-no com a amizade. Para eles, o amor é simpatia afetiva e desejo de identificar-se com a pessoa que admiram (cujas qualidades são, em boa medida, fruto da imaginação).

Esse amor idealizado é o amor platônico, que nos meninos tem realidade objetiva, e, nas meninas, não. Elas se apaixonam com grande facilidade por um professor jovem e bonito, ou pelo amigo de um irmão mais velho... O mundo dos adultos as atrai muito, talvez porque se sintam seguras com um amor que sabem que é impossível.

Esse amor platônico ou admiração romântica é uma atração espiritual, independente do instinto. Centra-se nas qualidades exteriores da pessoa amada. Isto explica também por que não dura e por que não causa perturbações ou transtornos quando acaba.

Orientações educativas: conhecer-se a si mesmo

A adolescência pode surpreender os adolescentes, mas não deve ser uma surpresa para nós, pois sabemos que ela chegará inexoravelmente, e porque podemos preparar-nos para ajudar melhor os nossos filhos num objetivo fundamental para toda a sua educação: conhecer-se a si mesmo, conhecer-se a fundo, com seus pontos fortes e fracos. Conhecer-se para melhorar, para não se instalar na fatalidade do "eu sou assim", mas apoiar-se em como se é para alcançar o que se pode vir a ser.

Parte do êxito da nossa educação está em trabalhar para *prevenir*. Por esse motivo, antes que chegue a "primavera adolescente", também conhecida com a fase do "pavão 1" (os especialistas distinguem três níveis de "pavão"), teremos falado com o nosso filho, ou com a nossa filha, a sós, tranquilamente e com naturalidade, o pai com ele e a mãe com ela, ilustrando-lhe as novidades que experimentará em si: no seu corpo, nos seus afetos, na sua forma de pensar e de querer, nas suas relações com seus pais, com seus irmãos, com seus amigos e com Deus. Nessa conversa, no princípio dessa etapa, ou seja, por volta dos doze anos, deve ocupar um espaço importante tudo o que se refere à aparição da sexualidade com todas as suas características e a sua evolução: desde a repulsa ao outro sexo, até o seu conhecimento e compreensão.

Em outro momento, explicaremos o processo da gravidez, o parto e a amamentação, com as mudanças produzidas no corpo da mãe em consequência da nova vida que está nascendo dentro dela. O pai mostrará aos filhos adolescentes a grandeza do momento do parto: a dor e o risco que a mãe experimenta por amor ao pai e ao filho recém-nascido; e a mãe transmitirá às filhas a riqueza dessa experiência única, para que sempre tenham presente que a gravidez e o parto fazem parte da doação mútua expressada na unidade com que marido e mulher se comunicam, com suas diferentes sexualidades. Depois de uma conversa dessa natureza, será difícil que os filhos permitam que o amor se degrade, nas suas conversas e nas suas relações.

Observação "à distância"

Temos que estar pendentes dos nossos filhos sempre, mas, nesse período e no seguinte, são mais importantes ainda a observação e o diálogo frequente entre marido e mulher. No entanto, trata-se de uma observação que chamaremos de "à distância", pois não há nada que aflija mais o nosso "pavão" que sentir-se vigiado, controlado, sem um espaço vital próprio, sem intimidade.

Essa observação "à distância" que propomos não pode invadir a intimidade recém-estreada (e assim sentida por eles) dos nossos filhos, sem o seu consentimento expresso. Entretanto, ela nos permite estar atentos às novas reações, para ponderá-las corretamente e encontrar vias de ajuda, diretas ou através de outras pessoas. Nessa fase, a ação do preceptor (o professor que orienta, no colégio, o seu estudo e o seu desenvolvimento pessoal) é, por vezes, muito mais eficaz do que a ação que os pais possam realizar. Em muitas ocasiões, uns bons amigos e um bom sacerdote farão pelo nosso filho o que nós não podemos nem devemos fazer.

O campo dessa observação é composto pelas suas reações, suas novas amizades desconhecidas, suas leituras, etc. É preciso diferenciar o comportamento diferente dos adolescentes do comportamento "estranho". O estranho sempre é estranho e não tem muitas desculpas.

Se há uma mudança brusca nos costumes, no modo de vestir (desleixado), na excessiva ocultação de si mesmo, se o seu hálito e a sua roupa cheiram..., temos motivo para nos preocuparmos, pois, na sua busca por construir-se a si mesmo, pode ter escolhido caminhos difíceis de abandonar.

Nesses momentos, nossos filhos são suscetíveis de ser seduzidos por tudo o que os rodeia. As novas realidades da droga, em forma de cigarros de maconha e álcool nos fins de semana, bem como as experiências sexuais em grupo – seguindo os "sábios" conselhos de algum amigo – podem introduzi-lo, sem que se perceba, numa sexualidade desviada da natural, o que tem as suas consequências.

Alguns adolescentes, especialmente os meninos, podem confundir-se e ficar preocupados, pensando que essas experiências possam ser manifestações de uma possível homossexualidade; mas não costumam ser isso, e sim manifestações da imaturidade própria dessa idade.

Muitas vezes, tais situações manifestam falta de carinho e compreensão, que pode não ter uma realidade objetiva, mas que é real para ele. Se fosse isso, nossa reação deveria ser similar à que teríamos se descobríssemos os sintomas de uma doença grave: diagnosticá-la corretamente e tomar as medidas terapêuticas necessárias.

Num caso assim, todos – o professor, os amigos, o diretor, o médico, os irmãos e, sem dúvida, os pais – devem comprometer-se na concretização de planos de ação que permitam, em primeiro lugar, recuperar a confiança do nosso filho e levar a cabo o plano necessário, mesmo que requeira sacrifícios importantes: mudar de colégio, de bairro ou de cidade.

Piadas, revistas, músicas e filmes

Na estreia da sua adolescência, nosso filho se verá atraído por um mundo de imagens e sons com um poder de sugestão muito grande, que, sem dúvida, influenciará na configuração da sua personalidade nascente.

A ARTE DE ENSINAR A AMAR

Eles e elas, primeiro separadamente, e depois por força do ambiente, juntos, falam daquilo que os ocupa e é novidade nas suas vidas. Resolvem sua curiosidade sexual intercambiando dúvidas e experiências, examinando significados nos dicionários e enciclopédias, e tendo ataques de riso com as histórias chocantes que são contadas.

Se nos tivermos adiantado, as ideias dos amigos precisarão desfazer as que os nossos filhos já têm; do contrário, quem chegará tarde seremos nós.

Interessa agora fixar nossa atenção nas conversas e brincadeiras cujo tema central é o sexo.

Ensinaremos nosso filho a ouvir e a cortar uma conversa que ofenda a dignidade de um homem ou de uma mulher; quando as palavras utilizadas forem grosseiras, ou seja, usadas com um sentido malicioso e contrário ao original, de modo mal-intencionado, ou descrevendo situações de mau gosto, ou próprias de outros âmbitos marginais.

Se não for possível cortar a conversa, será preciso retirar-se do grupo, explicando o motivo: a sexualidade, o sexo, o homem e a mulher são realidades maravilhosas que Deus quer que se realizem com a maior intensidade nas pessoas que se amam. São realidades muito importantes para serem rebaixadas como objeto de gracejos.

O que foi dito sobre a dignidade do homem e da mulher em relação às piadas é igualmente válido para o cinema, as revistas e a música. Não é raro que os pais desconheçam o que os nossos filhos leem, a que filmes assistem e que música escutam. Em primeiro lugar, porque os seus gostos não coincidem com os nossos na maior parte das vezes; em segundo lugar, porque faz parte do seu próprio mundo não deixar que os adultos entrem de qualquer maneira; e, em terceiro lugar, porque é difícil para nós entrar num mundo que, por ser desconhecido, não nos é "familiar". No entanto, se não conhecermos as influências que nossos filhos adolescentes estão recebendo na configuração da sua personalidade profunda – sem que eles mesmos sejam conscientes disso, pela cultura audiovisual em que todos estamos imersos –, não poderemos ajudá-los eficazmente.

A ADOLESCÊNCIA JÁ CHEGOU

O que dizemos aos nossos filhos deve estar acompanhado pelo exemplo. Às vezes, não damos importância a determinadas revistas porque são "infantis" ou "juvenis", mas, quando as lemos, no mínimo nos ruborizamos, pelo tom das expressões ou pela "atmosfera" que se respira nelas.

O mesmo poderíamos dizer de alguns filmes – muitas vezes, maravilhosamente elaborados do ponto de vista técnico (outras vezes, nem isso...) –, nos quais o tema central é a ação e a intriga; a surpresa permanente do espectador pelos recursos que o diretor, o roteirista e os atores utilizam sempre dão margem para mostrar como normal, frequente, nada estranha e até desejável uma manifestação do amor e da sexualidade contrária à dignidade da pessoa humana.

Nesses filmes, a felicidade permanente não tem espaço; só vale a atração mútua momentânea; quando não, se apresenta como uma obrigação decorrente do trabalho que se realiza, ou se justifica para conseguir um "bem" maior. Além do fundo falso que se apresenta – nada justifica rebaixar o amor à categoria de satisfação egoísta de impulsos espontâneos, tanto por parte do homem como por parte da mulher –, não é raro que se mostrem – de surpresa, de modo insinuante, cru e estético – a nudez, as carícias mútuas e a intensidade do ato sexual.

Sem dúvida, quando posteriormente o filme é avaliado, não se faz especial referência a essas cenas, uma vez que não fazem parte da trama principal; e, se fizessem, a crítica certamente incluiria um comentário do tipo: "há também alguns momentos fortes, mas passam rápido e não são o fundamental do filme, que é fenomenal, está muito bem interpretado, tem um ritmo alucinante e ganhou prêmios num monte de festivais.

Se conhecermos essa situação, poderemos agir, prevenindo (principalmente) e tentando neutralizar os seus efeitos (caso tenhamos chegado tarde). No entanto, se não tivermos consciência do problema, não o levaremos em conta, e permitiremos, por negligência, que nosso filho adolescente forme uma ideia equivocada, falsa e enviesada do amor e da sua expressão sexual. Essas imagens permanecem na memória e são imitadas, às vezes só para experimentar o que se sente ou para se parecer com os que aparecem nos filmes.

Esse tipo de cinema infringe todos os princípios educativos e a consideração total da pessoa – na qual deve basear-se a educação para o amor –, pois:
- não diz a verdade;
- não tem em conta o gradualismo;
- ignora a situação pessoal de cada um;
- desconhece o âmbito próprio do amor, que é a intimidade de um homem e uma mulher decididos a compartilhar um projeto de vida comum dentro do casamento; etc.

Prevendo essas situações – nas quais, às vezes sem buscá-las, nossos filhos se encontrarão –, falar-lhes-emos a fundo, como continuação das conversas anteriores, da intensidade da sexualidade na nossa pessoa, de como está orientada ao amor de um homem e uma mulher, e da maravilha que é o fato de este amor ser gerador de vida (e não de uma vida qualquer, mas da vida humana, que pensa e pode expressar o grau máximo da sua liberdade no amor para sempre e exclusivo). Uma vez mais, adiantamo-nos, de maneira que saberão reconhecer essas situações, disporão de alguns elementos adicionais de juízo para reorientar a sua ação nesse momento e possuirão um conceito mais real do verdadeiro amor e dos seus substitutos.

Não digo nada se somos nós mesmos, os pais, que facilitamos esse tipo de cinema para os nossos filhos. Isso só se explica – mas não se justifica – pela ignorância em relação ao seu efeito na educação e por uma visão errônea do amor e da sua digna expressão num homem e numa mulher que verdadeiramente se amam.

Obviamente, não estou tratando da hipótese de o conteúdo dos filmes ser explicitamente erótico ou pornográfico, por considerá-la totalmente fora de contexto na educação que estamos aprendendo, e por constituir uma flagrante agressão ao desenvolvimento de uma pessoa normalmente constituída.

Tudo o que vimos antes deste ponto serve para que tomemos a decisão de conhecer melhor o que os nossos filhos leem e veem no cinema ou na televisão, especialmente os adolescentes de doze a dezesseis anos, e para tê-lo em conta na sua educação.

Sair da própria sexualidade

No princípio desta etapa mais intensa do que longa, que parece nunca ter fim, o conhecimento da própria sexualidade e do "manual de instruções para a sobrevivência adolescente" monopoliza a atenção dos nossos filhos. Mas logo aparecem os grupos de amigos mistos, como vimos anteriormente, e se torna necessário falar sobre o sentido da própria sexualidade e algumas características do outro sexo. A pessoa constrói a si mesma em relação às demais. Por isso, a sexualidade não pode ficar fechada em atitude de autocomplacência sem que se coloque em perigo o desenvolvimento harmônico da própria pessoa. Mas, ao sair ao encontro da outra sexualidade, na relação de amor que garante responsavelmente essa íntima comunicação, poderá, de fato, buscar ela mesma, caso desconheça a linguagem e a expressão da outra. Assim, quando os pais considerarem oportuno, de acordo com as características de cada um dos seus filhos, terão que dar a conhecer ao filho a orientação da sexualidade dele e da alheia.

Sobre esse conhecimento será mais fácil assentar o comportamento ético que sempre deve presidir as relações e o afeto num grupo misto de amigos e amigas.

Compreender para avançar

Uma orientação básica para pais e filhos adolescentes é que desenvolvam uma atitude de compreensão. A compreensão nem sempre é fácil para os pais, quando a adolescência dos nossos filhos irrompe de forma brusca e inesperada. Assimilar a surpresa já é um bom passo para nós nesses momentos.

A ARTE DE ENSINAR A AMAR

O primeiro passo da compreensão é a aceitação. Falo de uma aceitação que não é uma resignação triste e abatida de quem não sabe o que fazer ou como reagir e refugia-se num "que posso fazer se, hoje em dia, todos os meninos fazem igual?"; trata-se de uma aceitação que se esforça, com alegria, por conhecer essas novas manifestações dos filhos, aceitando-as como tal. Assim, geram-se neles segurança e confiança para assumir os desafios que a própria adolescência lhes apresenta.

O segundo passo consiste em gostar dessa personalidade previamente aceita, ou seja, em compreendê-la. Isso já custa um pouco mais. A verdadeira compreensão não busca desculpas que justifiquem as ações inadequadas dos nossos filhos, mas procura a consolidação da nova e distinta personalidade adolescente que vai nascendo neles, ajudando-a a expressar a sua identidade original. Na vida cotidiana, há muitos momentos em que podemos mostrar essa atitude compreensiva, aproveitando as situações criadas por sua oscilante e intensa emotividade, para ajudá-lo a conhecer-se melhor.

Eles também terão de aplicar a compreensão aos seus amigos e amigas. Em primeiro lugar, conhecendo-os melhor, para aceitá-los com suas originalidades; e, depois, para que isso não sirva para desculpar os aspectos negativos de algumas das suas ações. O fato de se verem refletidos nos outros faz com que cresçam em autoconhecimento e realismo.

Pautas de ação: cuidar do ambiente adolescente

Conformamos nossas ideias e nosso modo de agir de acordo com as influências que nos circundam. Ao chegar à adolescência, nossos filhos colocam em dúvida tudo o que lhes ensinamos, e construem suas próprias ideias, comparando-as com outras explicações e vivências que encontram no seu ambiente.

A ADOLESCÊNCIA JÁ CHEGOU

A sexualidade e o amor que respiramos hoje no ambiente "global" não correspondem às exigências da dignidade da pessoa humana. Na educação dos nossos filhos, não podemos evitar essa influência decisiva. É necessário então "criar" e "favorecer" ambientes adolescentes que permitam um crescimento harmônico da personalidade e um reto sentido da sexualidade.

Cada geração adolescente constrói seus próprios ídolos (ou a correspondente indústria os constrói). Se os pais não os conhecerem, não saberão como podem influenciar os filhos e ajudá-los.

Por outro lado, nossos filhos participarão das diversões dominantes, num ambiente que deliberadamente será distinto daquele criado por seus pais, porque eles e elas têm necessidade de descobrir suas próprias formas de expressão no tempo livre. Às vezes, não sabemos como são os lugares que frequentam, que ambiente se respira ali, que costumes têm... Certamente, tudo nos interessa, mas agora nos interessa especialmente o que fizer referência à sexualidade e ao amor.

A "cultura audiovisual" dominante tem particular importância, com os cantores e atrizes que estão na moda, os quais constituem modelos a imitar, e as diversões "oficiais", às quais todos estão obrigados de algum modo.

Se as músicas do momento falam de desejos, de traições, de experiências sexuais vividas; se a vida dos ídolos reflete ideias nas quais não tem lugar o amor permanente, mas sim as explicações das múltiplas trocas de acompanhante; se a promiscuidade está presente nos grupos de amigos e amigas, ao falar e ao relacionar--se..., o contraste com o que lhes ensinamos é evidente.

Nós lhes transmitimos, com o diálogo e o exemplo, uma concepção de amor diferente, e nossos filhos terão consciência de que são diferentes. Nesses momentos, devemos estar perto, para confirmar essas ideias e para que possam sentir-se orgulhosos de ser diferentes, de ter uma personalidade própria e original.

Mas, com frequência, isso não será suficiente. Também teremos de procurar e encontrar um grupo de amigos que pensem de forma similar, pois, caso contrário, corremos um sério perigo de que, pelo menos por um tempo, nosso trabalho seja ineficaz, pois, na adolescência, a pressão do ambiente é muito grande.

Nesses momentos, o colégio e as outras instituições onde nossos filhos possam relacionar-se com amigos que compartilhem seus mesmos ideais – paróquias, clubes juvenis, grupos escoteiros – são importantíssimos, porque os pais passam a um segundo plano (e devemos agir a partir dele).

Mais uma observação: o primeiro ambiente é o da casa; e, dentro dela, o do seu quarto. Eles e elas precisam dispor de um lugar próprio e único, e de um tempo para refletir. Nele se constrói e se descobre a própria identidade e intimidade. Deve estar à vontade no seu quarto e poder configurá-lo de acordo com a sua personalidade. Dar uma olhada nesse lugar com olhos observadores costuma dar pistas de como nosso filho vai evoluindo. Os filhos devem sentir-se orgulhosos de ter uma personalidade própria e original.

Treinar seriamente

Essa expressão pode ser explicada num duplo sentido. Por um lado, refere-se aos pais: temos de treinar seriamente para ajudar de modo eficaz nossos adolescentes. Esse treinamento inclui não agir precipitadamente; conhecer seus gostos e compreendê-los, antes de criticá-los; estudar expressões que não firam seus sentimentos e construir pontes de comunicação; reservar tempos pessoais para estar disponíveis e à sua espera; facilitar novos ambientes favoráveis ao seu desenvolvimento; repensar nossas vidas para observar se são coerentes com o que quereríamos deles e delas, para que possam servir de modelo a imitar; falar mais entre pai e mãe, buscando soluções e tomando decisões conjuntas...

Por outro lado, refere-se a eles. A adolescência é um tempo mais do que apropriado para treinar-se no autocontrole da força que o crescimento físico proporciona; no conhecimento e domínio da vida afetiva: reações, angústias, inibições...; no uso a sério da inteligência por meio do estudo; em propor-se grandes ideais, pelos quais vale a pena lutar, para ser melhor e contribuir para a sociedade; na prática coerente de uma vida religiosa, do trato com Deus na oração e na frequência dos sacramentos.

As linhas de trabalho educativo que se abrem para os adolescentes e os seus pais são muitas e variadas, e todas contribuem diretamente para essa aprendizagem do amor, da qual tanto dependerá a sua felicidade futura de maneira estável e permanente.

Do ponto de vista físico, o treinamento irá ajudá-los a controlar a força e coordenar os movimentos, que, com suas novas dimensões de altura e peso, ficarão um pouco desengonçados. Precisam aprender de novo a abrir e fechar uma porta, pois não são conscientes da energia que têm até que não coloquem em perigo a integridade de várias fechaduras ou a resistência de vários pratos e copos. Devem aprender de novo a encher um copo de água sem derramá-la, a ajustar o tom de voz adequado às circunstâncias e não gritar, falando alto como se os demais tivessem sofrido uma perda repentina de audição.

Para conseguir esse autocontrole físico – mais necessário neles do que nelas –, a prática esportiva, as excursões e as trilhas de montanha são especialmente indicadas. O dia de um adolescente deve estar totalmente ocupado.

Também é preciso contar com o treinamento dos seus modos, para polir as brusquidões próprias da idade. Os pais podem e devem dar exemplo, cuidando do vocabulário, das expressões e do tom de voz; mas devemos continuar fazendo com que vejam – sempre em particular – que existem formas de dizer as coisas e não ferir ninguém, que podem ser encontradas se as buscarmos.

Esse treinamento evitará um trato grosseiro e excessivamente espontâneo no grupo e ajudará todos a manter o respeito e delicadeza que sempre devem estar presentes nas amizades; especialmente com as meninas, começando pelas irmãs, se houver. Elas, por sua vez, devem mostrar, com suavidade, o respeito que esperam receber e agir com a mesma reciprocidade.

Por fim, uma referência para que aprendam a ser distintos. Atualmente, é necessário ter consciência de que a educação que descrevemos não é a mais comum no ambiente, e nossos filhos devem saber que é assim, para não se sentirem esquisitos. Muitas vezes, sentirão o impulso de ser "menos educados", pois terão vontade de ser como as outras pessoas, que, não tendo tanto cuidado, parecem estar felizes. É a parte final do treinamento.

Se eles não forem donos de si mesmos, não serão capazes de entender o valor de ter uma personalidade própria para não se deixar arrastar pelo ambiente dominante; mas, se não se acostumarem a viver com orgulho uma forma de ser distinta, jogarão fora o trabalho realizado; pelo menos durante algum tempo, pois depois se recuperarão – não se perde nenhum trabalho educativo – e abandonarão esse ambiente que não pode satisfazê-los; mas, durante esse tempo, expõem-se seriamente a perder a sua personalidade, passando a engrossar a massa, que nem pensa por contra própria nem é capaz de sair da falsa segurança que produz. Os filhos devem ter orgulho de ser distintos.

Pudor, modéstia e pureza: três virtudes

A educação é um processo de aquisição de virtudes que dura toda a vida. Desde quando a criança é bem pequena, inicia-se no exercício de atividades adaptadas à sua idade, que, aproveitando os períodos sensitivos da pessoa, facilitam a aprendizagem. O pudor, a modéstia e a pureza são três virtudes que se aplicam de maneira particular à sexualidade e ao amor. Devem ser exercitadas sempre, mas, em algumas etapas, adquirem grande relevância; a adolescência é um desses momentos.

A ADOLESCÊNCIA JÁ CHEGOU

O pudor é essa prudência natural que reserva os assuntos próprios para as pessoas que podem participar deles pela proximidade pessoal ou familiar, ou pela competência profissional.

Quando um adolescente escreve um diário e o guarda com cuidado para preservá-lo de olhares alheios, está aplicando a virtude do pudor; quando, no banheiro, asseia-se sozinho e não permite a presença de outros, está exercitando essa pequena virtude; quando compartilha suas ideias pessoais com os amigos íntimos, está vivendo o pudor; quando se ruboriza porque alguém revelou algo da sua forma particular de ser, é o pudor que o deixa assim. Educar essa virtude vai lhe permitir reconhecer situações nas quais ela deve ser praticada, com naturalidade e sem fazer coisas estranhas, evitando exibicionismos desnecessários em academias, piscinas, banheiros públicos, etc., e nas manifestações de afeto com as amigas e os amigos do grupo.

A modéstia é uma pequena virtude muito oportuna para o adolescente, porque regula a "propaganda ruidosa" dos próprios talentos (intelectuais, físicos, etc.), ao mesmo tempo que o faz consciente deles. Manifesta-se ao falar das próprias habilidades, ao gesticular sem medida, ao vestir-se com ostentação...

O pudor e a modéstia revestem as pessoas que os possuem de um brilho especial, evidenciando um equilíbrio que torna atraente a personalidade, pela elegância natural com que se expressa.

A pureza é a virtude que orienta as manifestações da sexualidade e do amor. Como todas as virtudes, possui atos próprios que a desenvolvem, e a sua aquisição permite aos adolescentes serem mais conscientes dos fenômenos que notam em si, por causa da evolução e da maturidade da sua sexualidade; e possibilita-lhes descobrir o valor ético das ações referidas à sua própria pessoa e às pessoas do outro sexo.

Adquire-se com atos afirmativos nos quais aprende a conhecer as reações da sua sexualidade e a compreender os limites da sua expressão, estabelecidos pela natureza da sexualidade, que se orienta à doação plena à pessoa amada, dentro do matrimônio.

A virtude da pureza permite que o adolescente diferencie as reações involuntárias do seu organismo daquelas que se buscam intencionalmente, e julgar a moralidade dos atos relativos à sexualidade.

A formação da consciência, com o estudo da doutrina adequada e o conselho de um bom diretor espiritual, vai lhes facilitar a resolução das tensões próprias dessa idade, sem escrúpulos inquietantes e com finura de espírito. Assim, irão preparando com solidez o amor com o qual edificarão sua estabilidade e felicidade futuras.

Conhecer toda a realidade

Os adolescentes tendem a fechar-se um pouco neles mesmos e no círculo reduzido de amigos com os quais se identificam e se diferenciam de outros grupos. Além disso, como vimos nas referências dessa idade, as diferentes mudanças que neles se produzem monopolizarão seu interesse e sua atenção com grande intensidade. Por essa razão, é muito importante que, nessa aprendizagem do amor, saiam do seu mundo vital cotidiano, para conhecer outras realidades com as quais possam construir e enriquecer sua personalidade.

Um aspecto importante da sua educação é o conhecimento de outras pessoas que não têm a mesma vitalidade que eles: idosos, crianças com alguma deficiência genética (por exemplo, síndrome de Down), doentes em hospitais, etc. O contato com essas pessoas fará com que conheçam sua capacidade de generosidade, seu espírito de serviço e sua atitude perante a dor e o sofrimento.

Descobrirão a relação da dor com o amor e a felicidade, ao ver a dedicação dos pais a essas crianças; vislumbrarão os horizontes do amor e reconhecerão que existem ideais nobres pelos quais vale a pena comprometer-se; comprovarão, por fim, que o mundo não se esgota neles e nas suas preocupações, e que os outros têm o direito de contar com a sua contribuição para tornar o mundo melhor.

A escola da dor é uma boa escola para o amor.

CAPÍTULO VII
DE DEZESSEIS A DEZOITO ANOS

Nesta etapa, as tensões adolescentes vão desaparecendo gradualmente para dar lugar à consolidação da própria personalidade.

As diferenças de amadurecimento entre eles e elas vão diminuindo, embora ainda se possa afirmar que ela, aos dezoito anos, é uma mulher, enquanto ele ainda não está "no ponto".

De todo modo, é um período em que a calma reaparece, e é possível "trabalhar", do ponto de vista educativo, com um pouco mais de tranquilidade e chances de sucesso.

Primeiras referências

Biologicamente, estão passando pelo último estirão na sua altura e ajustando o seu peso, que se manterá estável durante vários anos. Também se nota, no seu corpo, que deixaram de ser crianças-adolescentes (ainda que alguns dias não pareça...).

O organismo completa o amadurecimento sexual, de maneira que os jovens já são fisiologicamente capazes de gerar e ser pais, ainda que não estejam preparados pessoalmente para assumir as responsabilidades da paternidade e da maternidade.

Afetivamente, a nota mais dominante é a estabilidade (que se torna ainda mais evidente, pois na etapa anterior não existia). Há menos "picos" nos estados de ânimo, e as variações de humor ocorrem com menor frequência e intensidade, conforme se tenha atravessado a adolescência. Em geral, elas se mostram mais seguras e conscientes das suas possibilidades; eles, um pouco mais vacilantes, no início, e mais rápidos e seguros ao fim.

Essa situação reflete-se em tudo:

- no estudo, que tem a possibilidade de tornar-se regular e começar a render mais (caso estivesse um pouco atrasado);

- nas relações com os irmãos, menos descontroladas e mais atentas às diferenças de idade;

- no trato com os pais, a quem "permitem" conversas mais longas e profundas, e com quem se sentem mais identificados (alguns pertencem ao mundo dos adultos);

- com os amigos, com quem compartilham suas ideias e inclinações (é uma época especial para viver intensamente a amizade).

Essa descrição idílica não pretende esconder o esforço constante que se deve fazer para continuar educando os filhos, mas põe em evidência as circunstâncias evolutivas favoráveis dessa idade.

Agora, além de contar com amigos íntimos do mesmo sexo, iniciam e consolidam relações com o sexo oposto, compartilhando o tempo e as atividades, num grupo misto e relativamente numeroso, no início, e mais restrito, no final, que pode dividir-se em casais (que muitas vezes serão a base de namoros estáveis e casamentos futuros).

De qualquer maneira, inicia-se um novo período – que terá continuidade durante a época universitária ou os primeiros anos de trabalho – com a abertura a novas relações, que contribuem para configurar a personalidade e podem ser a origem de amizades estáveis que durem pelo resto da vida.

Os dois componentes do amor – *eros* e *sexus* – têm agora um objetivo comum, já que o objeto da atenção do *sexus* é a pessoa amada. As duas tendências identificam-se (ainda que, em geral, o *sexus* continue tendo maior presença nele, e o *eros* nela). Ternura e realização sexual, amor platônico e real caminham juntos. A pessoa amada é objeto da posse-entrega sexual.

Do ponto de vista intelectual, a abstração continua a dominar o pensamento em contínuo progresso. O jovem se sente capaz de entender qualquer assunto, por mais complicado que pareça; depois, a realidade se encarrega de colocá-lo no seu lugar, fazendo com que aceite, mais uma vez, as limitações e diferenças de cada pessoa.

Esta "superioridade" intelectual é similar à superioridade que sente diante de qualquer ideal a que se proponha. Volta a acreditar que é capaz de qualquer façanha, por mais difícil que possa parecer aos mais velhos. O fato de que, até o momento, não tenha atingido metas mais acessíveis não é obstáculo para rebaixar os ideais que podem protagonizar. Essa confiança quase ilimitada nas próprias forças é um ponto forte e fraco ao mesmo tempo, e a harmonização entre realidades e desejos num espaço e num tempo concretos é uma das tarefas educativas mais claras dessa idade.

Orientações educativas: conhece-te a ti mesmo

O sábio e sempre atual conselho grego tem, nessa idade, uma aplicação muito acertada. As características descritas anteriormente facilitam essa orientação educativa. Os pais podem aproveitar as conversas serenas e pessoais com os filhos para ajudá-los a refletir sobre suas possibilidades e limites.

A ARTE DE ENSINAR A AMAR

De modo especial, devem dar-lhe a conhecer (ou orientar esse conhecimento) a totalidade da sexualidade masculina e feminina, o valor da amizade entre rapazes e moças, o namoro, o celibato, os aspectos negativos de um uso inapropriado da sexualidade e as doenças sexualmente transmissíveis.

Nessa idade, as relações mistas num grupo consolidam-se de maneira natural. É comum que os amigos e amigas de infância descubram essa atração mútua, e por isso é frequente que se formem grupos ampliados com algumas novas incorporações, do colégio, de amigos dos amigos, de conhecidos das férias, etc., e raramente de irmãos (mesmo que a diferença de idade seja pequena).

Cabe aos pais dar orientações bastante claras e profundas sobre essas relações, para que elas sejam enriquecedoras e não perturbem o desenvolvimento harmônico da personalidade e da natureza dos filhos, ou seja, para que não atropelem o amadurecimento da sexualidade deles com experiências que devem estar reservadas ao amor livre e comprometido no matrimônio.

Em primeiro lugar, devem ser apresentados todos os aspectos positivos dessa relação entre os jovens, sem mostrar nenhuma desconfiança, mas fazendo ver a transcendência de uma intimidade erroneamente compartilhada.

Eles já conhecem as reações do seu corpo ante determinados estímulos e situações; elas já sabem a influência que têm sobre os rapazes, com o seu olhar, a sua voz, os seus gestos e as suas posturas. Por isso, é mais fácil fazê-los ver que não se pode brincar com as pessoas e com os seus sentimentos. A todo momento, as relações de amizade devem ser orientadas pelo carinho e pela intimidade que não compromete a relação futura do amor que pede tudo. Nossos filhos devem voltar para casa à noite com a consciência de ter respeitado a dignidade pessoal dos seus amigos e amigas, e de se ter feito respeitar.

Com esse critério geral, será necessário orientar as novas diversões e experiências que começam nessa idade: saídas, cinema, baladas, festas, etc. Ao fazê-lo, devemos combinar a clareza meridiana de que falávamos com a delicadeza própria de uma conversa entre pais e filhos. Às vezes, não será simples, porque, hoje em dia, as ideias dominantes sobre essas relações não compreendem o alcance do seu erro, e é nesse ambiente onde as amizades dos nossos filhos e filhas acontecem. Eles devem empregar o domínio das virtudes adquiridas na sua educação e continuar a querer crescer nelas para assumir, com inteireza e elegância, o desafio de uma amizade limpa, que não contempla compartilhar experiências sexuais, já que conhecem o seu sentido e o marco de sua expressão verdadeira e apaixonada.

Não é raro que dessas amizades saiam casais de namorados que depois acabam se casando. Essa é uma idade na qual o compromisso pode ser assumido seriamente, embora necessite ser confirmado nos anos posteriores.

Cada namoro é diferente, pois as pessoas que o vivem também são diferentes. Muitos encontram nessa idade o homem ou a mulher com quem formarão um casal no futuro, ainda que não se possa afirmar que tal situação seja conveniente para todos os jovens.

Nossos filhos nessa idade estão preparados para tomar decisões que afetarão a sua vida futura. Pode ser que nós, como pais, não sejamos tão velhos como eles pensam; mas não há dúvida de que eles o são o suficiente para tomar algumas decisões importantes para o futuro e responsabilizar-se por elas. Assim, escolhem uma carreira de "exatas ou humanas", ou começam a preparar-se para uma profissão que não requer esses estudos, conhecem a sua "cara--metade", ou descobrem que Deus lhes pede mais...

Nesse "conhece-te a ti mesmo", nossos filhos podem descobrir que não entregarão toda a sua capacidade de amar a uma pessoa concreta, mas a Deus, que pode pedi-la para Ele, fazendo com que estejam sempre disponíveis para os outros. Para algum dos nossos filhos, esse processo é tão natural como o do apaixonamento característico da juventude; e, às vezes, coincide com ele, pois não distinguem bem o que Deus lhes pede.

A ARTE DE ENSINAR A AMAR

A vocação mais comum do homem e da mulher é a de compartilhar um projeto familiar baseado no seu amor mútuo, livre e comprometido; e, na realização desse projeto, enriquecem-se como pessoas, descobrindo a Deus na expressão do seu amor conjugal e paternal. Mas Deus reservou para si, com especial predileção, alguns homens e mulheres, para que, na entrega plena a Ele, todos os homens e mulheres possam reconhecê-lo.

Se educarmos os filhos para amar e ser felizes, mostrando-lhes os segredos dessa doce doação, saberão descobrir, se essa for a vocação deles, aquela chamada de Deus que traz consigo a reserva da expressão da sexualidade no celibato.

Às vezes, alguns pais têm mais medo dessa possibilidade que os seus próprios filhos. O que os filhos necessitam é da segurança, da confiança e do pleno apoio dos pais para seguir o caminho descoberto; e, para essa orientação, os pais também precisam estar preparados. Continuam sendo seus pais, que educam não só no amor humano, mas também no amor divino; e, em caso de dúvida, poderão consultar um diretor espiritual experiente.

Respeitar, compreender, amar a pessoa como ela é

Na orientação anterior, desenvolvemos a ideia da necessária sinceridade para conhecer cada um dos filhos, para que eles também descubram o que o amor lhes pede e se preparem para vivê-lo plenamente.

Mas o amor começa em si mesmo para depois ir para fora e acabar dando-se à pessoa amada. Por isso, nesta segunda orientação, vamos ensinar a cada filho como realizar esse processo que é garantia de um amor duradouro.

A primeira etapa do processo é respeitar. Respeitar implica o reconhecimento explícito da personalidade da pessoa amada, suas ideias, seus gostos, etc., pois o amor não extingue a expressão da própria personalidade, mas a potencializa na inter-relação pessoal e a canaliza para que possa crescer num ambiente que garante a acolhida da sua identidade pessoal.

Mas respeitar não significa não intervir, como se a pessoa amada não importasse nada. Respeitar significa aceitá-la e estar disposto a servi-la, ajudando-a no seu crescimento verdadeiro como pessoa.

Assim, essa educação impede que o homem e a mulher aproveitem um ao outro de modo egoísta, quer corporalmente, quer afetivamente, quer pela imposição autoritária de uma vontade sobre a outra.

Algumas vezes, o que se vê é um pacto de aproveitamento mútuo alternativo, que não os faz crescer como pessoas; e logo aparecem as imposições de um dos dois e a busca incessante de novas sensações prazerosas, que azedam o caráter e colocam em sério perigo essa relação, uma vez que os atalhos egoístas do amor não conduzem ao caminho da felicidade verdadeira.

Respeitar é o primeiro passo, mas compreender é um passo a mais na arte de amar. Com a compreensão, o conhecimento adquire sentido e explicação. Compreender não é justificar, nem pactuar com a debilidade própria ou alheia, mas é atender a outra pessoa, estando disposto a ajudá-la a partir do seu próprio conhecimento. Essa compreensão implica, muitas vezes, vencer-se a si mesmo, para que a própria realização se encontre na realização da pessoa amada.

Ensinar nossos filhos a descobrir essas ocasiões e identificar sua própria projeção pessoal com essa compreensão equivale a fundamentar-se num amor mais seguro, que permite andar por outras paisagens mais variadas e atraentes, nas quais a sexualidade física fica absorvida pela comunicação pessoal.

Essa maturidade pessoal permite explicar como deve ser a terceira fase do conhecimento da pessoa amada. Primeiro, respeitar; depois, compreender; e, por último, amar a pessoa como ela é. Nessa fase, o comprometimento ativo de quem ama o leva à entrega total e plena, abraçando a pessoa amada com os seus defeitos, e não só com as suas virtudes: amar a pessoa que é, e não a que gostaríamos que fosse.

Facilitar o voo das águias

O amor precisa realizar-se na liberdade. Ensinar nossos filhos a amar passa por ensiná-los a ser livres. Para isso, necessitam de espaço e de oportunidades, para agir longe do olhar atento dos pais. Mas, ao mesmo tempo, precisam dos pais por perto, para ir ajustando os primeiros voos solo.

Esse equilíbrio não é fácil. Mas não é o único equilíbrio que é preciso fazer. Também é preciso mostrar-lhes plena confiança e, ao mesmo tempo, ter os olhos bem abertos, para saber como a sua possibilidade vai estreando. Nesse sentido, é preferível "deixar-se enganar" a manifestar abertamente que ele está mentindo. Se isto acontecer, será preciso analisar as possíveis causas.

Às vezes, é simplesmente a tendência de não aceitar imediatamente o erro cometido para não decepcionar os pais; quando isso acontece, não tardam em reconhecer, em outro momento, que, na realidade, as coisas não foram como pareciam e que ficaram mal explicadas. Em outras ocasiões, é um sintoma claro de que a quebra de confiança ocorreu por causa de algo ou de alguém que está influindo negativamente na sua vida. Cabe então aos pais agir por intermédio dos amigos ou de alguma pessoa mais velha em quem o filho tenha confiança.

Todos os ensinamentos que vamos acumulando neste livro orientam-se a que cada um dos nossos filhos assuma livremente as orientações. Para isso, é necessário que, pouco a pouco, tomem as rédeas das suas vidas e aprendam a voar alto como as águias e não fiquem no chão como as galinhas.

As asas que elevam são as asas da liberdade, que só podem bater no ar das virtudes. Outra vez vem à tona o esforço por ser donos de si mesmos, exercitando-se nas mil e uma ocasiões que a vida familiar oferece – e a nova vida de relação permite –, no serviço aos amigos e amigas.

Nossos filhos devem descobrir essas ocasiões e aproveitá-las para crescer em liberdade e poder entregar-se à pessoa amada. Desse modo, irão se conhecendo cada vez melhor, terão mais segurança neles mesmos e estarão dispostos a viver a aventura do amor para ser plenamente felizes.

Pautas de ação: o lado oculto da lua

Até agora fomos construindo a educação dos nossos filhos de forma afirmativa e positiva. Apresentamos os elementos para construir a sua personalidade sem fazer especial finca-pé na sua utilização inadequada. Aos dezesseis anos, a maturidade da inteligência e da liberdade permite conhecer o lado escuro de algumas realidades para firmar adequadamente e com plena verdade a própria personalidade.

Trata-se de ver o contraste entre o ideal de justiça humana e as situações de injustiça que coexistem ao seu lado. Mas, na nossa educação, não queremos só reconhecê-lo, mas examiná-lo minuciosamente para colocar toda a nossa energia a serviço da superação dessas diferenças. Ora, o que é válido para a justiça – a verdade e determinadas informações tendenciosas nos meios de comunicação, o desequilíbrio na distribuição da riqueza, etc. – também é válido para o amor.

Temos que revelar aos nossos filhos que, em algumas ocasiões, há pessoas que se desinteressam do amor, trocando-o por "amoricos", e procurando depois, desesperadamente, justificativas para manter a sua ideia deformada do amor. A debilidade faz com que sejam rebaixadas as elevadas, autênticas e belas concepções do amor e da sexualidade, para ajustá-las à pequenez de horizontes de alguns homens e mulheres.

A ARTE DE ENSINAR A AMAR

Também faz parte da educação para o amor, nesta idade, falar-lhes dos usos indevidos da sexualidade, do adultério, da prostituição, dos abusos sexuais e da coexistência de outras ideias sobre a pessoa, cujas consequências são negativas.

É o momento de informar-lhes sobre algumas doenças sexualmente transmissíveis e de explicar, crítica e profundamente, os diferentes modos de enfrentar essa situação delicada que a cada dia alcança um maior número de jovens, devido a uma orientação equivocada da educação da sexualidade e a uma busca precipitada de soluções de curto prazo para frear a transmissão dessas doenças.

Não se trata de ser alarmistas e de jogar fora todo o esforço harmônico que fizemos até agora para que conhecesse o funcionamento do seu corpo, o sentido da sua sexualidade e a aquisição das distintas virtudes, pequenas ou grandes, que permitem crescer na virtude do amor. Trata-se de não ser ingênuos e de adiantar-nos, uma vez mais, às situações negativas relacionadas à sexualidade que os nossos filhos encontrarão ao seu redor: cinema, amigos, imprensa, vizinhos, etc.

De qualquer forma, enfrentemos essas informações de modo positivo, com a verdade, como sempre fizemos. Assim, faremos um esforço para não julgar jamais as pessoas, mas falaremos claramente dos fatos e das situações. Não transmitiremos medo, mas segurança: quando a sexualidade é utilizada segundo as exigências da dignidade da pessoa humana, numa relação de amor estável entre um homem e uma mulher, não há lugar para doenças e coisas estranhas.

Para que alguém seja infectado por uma doença sexualmente transmissível, deve ter relações sexuais com uma pessoa que tenha a doença. Portanto, se as relações sexuais são mantidas no casamento, com a fidelidade própria do amor, não cabe essa possibilidade. Se nossos filhos reservarem a sua capacidade de gerar, a sua sexualidade, para estreá-la com a pessoa que escolheram para realizar esse maravilhoso projeto biográfico comum que é o matrimônio, o amor vai lhes recompensar essa entrega e esse sacrifício multiplicados por mil, em segurança, confiança, respeito, enriquecimento mútuo e felicidade. É importante que saibam disso. O amor não é o lado iluminado da lua, mas o sol do qual nasce a luz que ela reflete.

Sobre as novas ocasiões

À confusão relativa às relações sexuais entre os jovens, constantemente ventilada com razões e objetivos de diferente importância e interesses nem sempre confessáveis (os particulares e interessados do ponto de vista econômico, político e social...), soma-se a facilidade para se encontrarem em situações que as facilitam, dessa idade em diante.

Festas, excursões, viagens e férias podem ser ocasiões para comprovar a facilidade de deixar-se levar pela corrente dominante e fundir-se com o ambiente. As possibilidades atuais de participar dessas experiências com grande independência são estimuladas a partir das séries de televisão ou dos anúncios de viagens. Se um casal fica sozinho nessas circunstâncias, ou numa casa de campo, pode ser difícil que não ceda a inaugurar a sua sexualidade antes do tempo.

Embora não o reconheçam, ainda não têm a maturidade suficiente para responsabilizar-se pelas consequências das suas ações nesse âmbito. Por outro lado, a antecipação das relações está muito relacionada com disfunções mais ou menos graves no posterior exercício da sexualidade, pois, de algum modo, precipita o ritmo natural de amadurecimento previsto pela natureza.

Nosso trabalho como pais consiste em mostrar-lhes essa realidade, para que sejam eles que se imponham as limitações convenientes para não se encontrarem em situações delicadas. Nesses casos, costuma ser o rapaz quem pressiona a moça a ceder no seu pudor natural para manter relações. Para consegui-lo, recorre a todo tipo de raciocínios:

105

"Os outros amigos também fazem";

"Não acontece nada, são conversas de reprimidos; o que fazemos é natural, porque nos amamos";

"Se você me amasse de verdade, não teria medo de compartilhar comigo o seu amor";

"Eu também estou nervoso, porque para mim também é a primeira vez [o que pode ser verdade]; além disso, trouxe um preservativo, que fulano me deu";

"Não se preocupe, que não temos que ir até o fim, pois há outras formas de aproveitar o sexo"...

Nesses momentos, o rapaz parece um poço de inteligência, a julgar pela variedade e intensidade dos argumentos que utiliza para conseguir o que quer. Às vezes, também se vale de outros argumentos, em tom de desprezo:

"Você está sendo antiquada";

"Parece que estou ouvindo os seus pais";

"Você é quadrada";

"Que amor é esse que me nega a primeira prova que peço?";

E outros nesse estilo. Com essa pressão, às vezes ela acaba cedendo, talvez porque para ela não seja tão importante, ou para não ser diferente, ou para que ele não a troque por outra... Mas depois, se forem sinceros com eles mesmos, sentirão o sabor amargo de quem sabe que saiu perdendo na troca amor-prazer. O prazer sempre está presente no amor; mas não se pode negociar com ele sem sair perdendo.

Algumas vezes, o rapaz força a situação com a esperança de que ela não seja como as outras, e se dá mal. Em outras ocasiões, acontece que, sem dar-se conta, coloca-se numa situação difícil de escapar. Em qualquer caso, se ela não quiser, ele se manterá fiel, e, além disso, gostará de que seja assim. Hoje em dia, em muitos casos, são elas que pressionam.

DE DEZESSEIS A DEZOITO ANOS

Nessa idade, o processo de autoeducação intensifica-se, e são eles mesmos que devem criar as condições para que, nas relações de amizade, desenvolva-se o conhecimento mútuo, expressando-se de modo a não colocar em perigo bens maiores, em situações das quais depois terão de arrepender-se ou justificar-se indevidamente.

Os filhos sempre precisam da nossa ajuda; em algumas ocasiões mais do que em outras. Nessa fase, agiremos bem se estudarmos com eles as distintas ocasiões que surgem, para não facilitá-las, pois muitas vezes eles se protegem em nós para saírem de situações delicadas. Nossa confiança plena neles não se baseia na ingenuidade, mas na educação e na prudência.

Alguns pais pensam que o cuidado que os jovens devem ter nas suas relações deve-se ao risco de que as filhas fiquem grávidas, mais do que ao de contrair alguma doença. Mas o que está em questão não é a gravidez. Ela pode ser a consequência de uma relação prematura, e o que não é desejável é a relação precipitada com quem não está preparado, por sua imaturidade ou por não oferecer as garantias de que o amor necessita para expressar-se sem impedimentos, com a mútua doação de corpos, afetos, vontades e ideais, e a aceitação dos filhos, se Deus os permitir.

Se, mesmo assim, uma filha nossa ficasse grávida, necessitaria de toda a nossa ajuda, compreensão e amor para acompanhá-la nesses momentos e suprir as inegáveis deficiências dessa situação. Os filhos sempre são desejados e desejáveis.

Nossa concepção de amor, extraída do conceito mais evoluído de dignidade pessoal, é positiva, alegre, criativa e não tem medo de expressar-se quando se alcançam as condições que o amor pede e de que necessita para se desenvolver. Grande parte da educação sexual aos jovens de hoje concentra-se na explicação dos diferentes métodos contraceptivos existentes para dissociar sexo, prazer, amor e possíveis filhos. Isso não é educação sexual nem educação para o amor, mas uma educação para se enganarem uns aos outros, sem que se saiba e sem que haja consequências. É como se, para evitar a infidelidade conjugal, fossem inventados métodos para que o marido e a mulher jamais a descobrissem, e fossem dadas aulas para instruí-los nesse sentido, evitando, assim, as consequências familiares da descoberta.

No entanto, é o medo de engravidar que leva algumas mulheres a tomar a decisão de não manter relações sexuais com o seu amigo, namorado ou quem quer que seja. Esse não é um bom motivo, pois, uma vez que se garanta que não haverá gravidez, já não se veem impedimentos. As razões do amor são mais atraentes, mais atrevidas, mais autênticas; por elas, sim, as relações sexuais podem ser adiadas até o casamento. Enquanto isso, procuraremos preparar-nos sem deixar "feridas" no caminho, nem rastros genéticos nos vários bairros da cidade.

Uma piedade jovem e forte

Algumas pautas de ação próprias das etapas anteriores continuam sendo válidas dos dezesseis aos dezoito anos, com as necessárias e convenientes adaptações à nova idade. A prática esportiva é uma delas; o cuidado com o pudor, outra; e todas as que formos concretizando nos diálogos com cada um dos nossos filhos, de acordo com as suas características. Mas, nessa idade, temos que aplicar tais reflexões especialmente ao trato com Deus.

A maturidade intelectual e moral que descrevemos nas primeiras referências permitem aprofundar-se numa relação com Deus mais intencional; em primeiro lugar, para conhecer, com o estudo e as leituras convenientes, a moral sexual que a Igreja foi desenvolvendo com o auxílio do Espírito Santo; em segundo lugar, para viver como um filho de Deus, com a ajuda da oração e da prática frequente dos sacramentos, especialmente a confissão e a comunhão.

A maturidade do amor é conseguida com a maturidade da pessoa, e o trato de amizade com Deus tem um papel importante no crescimento como pessoa. Os jovens dessa idade experimentam

DE DEZESSEIS A DEZOITO ANOS

a bondade do trato amistoso quando se deixam orientar por um diretor espiritual que conhece o fundo da sua alma e resolve suas dúvidas de consciência com formação e delicadeza.

Dessa forma, fica mais fácil o convívio entre eles e elas e terá sentido a espera pela entrega pessoal e total no amor matrimonial.

Como em tudo o que vimos anteriormente, o exemplo dos pais, com seu amor e sua vida de amizade com Deus, é mais eloquente do que muitos tratados sobre educação.

CAPÍTULO VIII
OUTRAS QUESTÕES QUE DEVEMOS CONHECER

Neste último capítulo, reúnem-se alguns aspectos da sexualidade e do amor que, de fato, existem, mas não correspondem a manifestações autênticas do amor entre o homem e a mulher. Por vezes, a presença dessas realidades secundárias nos meios de comunicação pode fazer-nos pensar que aquilo que é incomum e estranho passou a ser comum e normal; mas não é assim. As patologias da sexualidade, como seu próprio nome indica, não constituem o processo normal da sexualidade, e as doenças sexualmente transmissíveis são o que o próprio nome diz: doenças.

De todo modo, convém conhecer a realidade que nos rodeia, pois nós e nossos filhos estamos instalados nela, e precisamos tê-la em conta no momento de ensinar a amar.

Patologia da sexualidade

Por vezes, a função sexual sofre algumas alterações que podem ser consequências de neuroses e obsessões – algumas vezes, de origem física; outras, de origem psíquica –, que podem ser resolvidas com a atenção e a educação adequadas.

O excesso ou a ausência das manifestações da sexualidade são sempre um sinal, uma vez que, no desenvolvimento harmônico da pessoa, a sexualidade está a serviço da pessoa, e não o contrário.

Em alguns ambientes culturais, há uma ideia equivocada da sexualidade e da sua expressão, e se favorece a atividade sexual prematura, sem uma reflexão profunda sobre a sua finalidade e a necessária educação. A desordem daí originada causa, muitas vezes, algumas neuroses. O mesmo acontece em ambientes onde a sexualidade é um tabu, sobre o qual não se pode falar, como se fosse algo mau e perigoso; também causam, em algumas ocasiões, as mesmas alterações da sexualidade normal. Como em outras manifestações humanas, os extremos se tocam.

Algumas dessas disfunções manifestam-se durante as relações sexuais; portanto, devem ser conhecidas, para que, caso sejam notadas, se recorra ao médico especialista correspondente. Algumas delas são:

- Vaginismo: surgimento de espasmos dolorosos da musculatura da vagina, que interferem no ato sexual.

- Frigidez: indiferença ou ausência de fantasias sexuais; não sentir desejos de ter relação sexual.

- Ejaculação precoce: a ejaculação que ocorre ante uma estimulação sexual mínima, sem que a pessoa a deseje.

- Impotência: incapacidade de manter uma ereção apropriada até o fim da atividade sexual.

DEVEMOS CONHECER

Disfunções da sexualidade

A sexualidade é o veículo da manifestação do amor entre um homem e uma mulher no grau máximo de união pessoal: união de corpos, afetos, ideais e vontades. Com essa união, cria-se um âmbito próprio de relação, comunicação e expressão, que é a família, na qual os filhos podem nascer, desenvolver-se e ser com personalidade própria.

Em algumas ocasiões, a sexualidade não é utilizada desse modo, ocasionando alguns desvios, muitos dos quais degradantes para a pessoa, pela violência que se exerce (sadismo, masoquismo, pedofilia) ou pela inversão do fim natural da sexualidade (fetichismo, voyeurismo, exibicionismo, homossexualidade):

- O sadismo consiste em procurar o sofrimento de alguém, produzindo, como resultado, uma excitação sexual daquele que faz sofrer.
- No caso do masoquismo, a excitação sexual realiza-se com o sofrimento próprio infligido por outra pessoa.
- Por pedofilia entende-se a ação de abusar sexualmente de crianças.
- O fetichismo é o fenômeno pelo qual a excitação sexual é produzida por ou com objetos inanimados.
- Com o voyeurismo, entra-se na intimidade de outras pessoas, que são vistas em suas manifestações sexuais; e essa visão excita sexualmente quem olha.
- O exibicionista é aquele que se excita sexualmente mostrando seus órgãos genitais a um estranho.
- O homossexual é quem orienta a sua sexualidade para pessoas do mesmo sexo. O sexo vem determinado pelo código genético, pela combinação cromossômica XX, no caso da mulher, e XY, no caso do homem. Essa diferenciação sexual inicia-se durante a gravidez, em função da produção hormonal, como se explicou no terceiro capítulo. A determinação biológica é reforçada

A ARTE DE ENSINAR A AMAR

pelas condutas masculinas e femininas presentes no ambiente sociocultural em que se vive, ajudando a configurar a identidade sexual. Nesse processo, às vezes aparecem distorções que têm uma explicação complexa ou uma causa desconhecida. Os transtornos anatomofisiológicos não são suficientes para explicar todas as situações de homossexualidade, e as influências verificadas no processo educativo adquirem grande importância, explicando algumas dessas situações.

Estes e outros transtornos e desvios do comportamento sexual normal sempre existiram, mas talvez encontrem hoje um espaço mais propício para sua prática e extensão, já que impera na sociedade uma confusão acerca da sexualidade e sua educação; tal confusão se faz presente nos modelos que, consciente ou inconscientemente, são apresentados em alguns filmes, séries de TV, publicações erótico-pornográficas, programas de rádio, etc.

Se acertarmos na educação dos nossos filhos, tais alterações não ocorrerão; mas, como, em alguns casos, a sua origem pode ser física, tão logo se observe algum comportamento que chame a atenção e gere dúvidas, o que se deve fazer é consultar um médico apropriado para fazer o diagnóstico oportuno e pedir os estudos e exames necessários para sair da dúvida o quanto antes.

Doenças sexualmente transmissíveis

São aquelas que podem ser transmitidas pelas relações sexuais, ainda que algumas também possam ser transmitidas por outras vias. Atualmente, despertam um interesse particular pela rapidez com que se disseminam, pelo desconhecimento generalizado e pela gravidade de algumas delas. Segundo a Organização Mundial da Saúde (OMS), a cada ano surgem 250 milhões de novos casos no mundo entre pessoas de quinze a 35 anos.

A promiscuidade nas relações sexuais e o início prematuro destas, em idades adiantadas, bem como uma equivocada política educati-

DEVEMOS CONHECER

va – que só se preocupa com o curto prazo e não enfrenta a questão com profundidade – salientam a importância de incluir esse tema num programa para pais que desejam ensinar seus filhos a amar.

As doenças sexualmente transmissíveis mais frequentes são: sífilis, gonorreia, herpes genital, hepatite B e Aids.

- A sífilis é uma doença que se manifesta por uma espécie de úlcera na zona genital. Afeta o homem e a mulher e pode ser transmitida ao feto, causando-lhe graves deformações ósseas e outros transtornos. Se não for tratada, afeta os sistemas ósseo e nervoso.

- Os sintomas da gonorreia são ardência e dor ao urinar e uma secreção amarelada (que é o único sintoma na mulher). Pode ser transmitida ao feto durante o parto. Como a sífilis, é causada por uma bactéria.

- O herpes genital, a hepatite B e a Aids são doenças causadas por vírus. O herpes se caracteriza pela aparição de algumas vesículas nos genitais, que podem estender-se e ulcerar-se, com coceira, dor e mal-estar geral.

- A hepatite B provoca a inflamação e a destruição das células do fígado. Pode apresentar-se acompanhada de vômitos, febre, dores abdominais e icterícia. É uma doença grave, que pode se tornar crônica. Também pode ser transmitida por via sanguínea.

- A Aids, como a hepatite B, também se transmite por via sanguínea, além da via sexual. Essa doença destrói o sistema imunológico. O desenvolvimento da doença varia de pessoa para pessoa, e nem sempre se manifesta imediatamente, mesmo que a pessoa esteja infectada. Provoca a aparição de tumores e outras doenças infecciosas como pneumonias, tuberculoses, encefalopatias, caquexia, etc. Atualmente, é considerada a doença mais grave surgida no século XX e encontra-se disseminada por todo o mundo.

Inicialmente, a sua difusão aparecia ligada à atividade dos homossexuais e drogados, mas hoje também se propaga através da heterossexualidade, devido à prostituição e à promiscuidade.

Sobre o chamado sexo seguro

A urgência que as autoridades políticas têm de interromper eficazmente e o quanto antes a transmissão das doenças por via sexual fez do preservativo uma palavra de uso comum. As campanhas publicitárias mostram-no, ensinam a colocá-lo e oferecem todo tipo de informações sobre ele. Às vezes, são até distribuídos na porta de alguns centros de ensino.

É evidente que a utilização deste ou de qualquer outro instrumento cuja finalidade seja falsear a relação de duas pessoas que se amam e querem expressar seu amor não faz parte de uma verdadeira educação para o amor. Se mencionamos o preservativo neste livro, é para alertar os pais a seu respeito e acrescentar que as informações transmitidas sobre ele não dizem toda a verdade, pois existe uma porcentagem de "falhas" de fabricação e utilização que influi na transmissão da doença, e porque algumas delas se transmitem pelo simples contato com a pele.

O que, sim, está demonstrado, em todos os casos, é que os programas baseados nesse tipo de informações não só não conseguem frear a transmissão como favorecem a promiscuidade sexual e aumentam o número de pessoas infectadas a cada ano, agravando o problema cada vez mais. Conhecer o funcionamento da sexualidade na pessoa e decidir-se a educar profundamente pode ser um processo mais lento, mas, sem dúvida, é mais eficaz e mais de acordo com a dignidade humana.

Opiniões dominantes

Abundam nos meios de comunicação manifestações anormais do amor, talvez porque chamem a atenção, ou porque são mais noticiáveis, ou porque trazem à luz o que deveria manter-se num âmbito de intimidade.

DEVEMOS CONHECER

Os personagens que "triunfam" ocupam as capas de certo tipo de revistas cada vez que mudam de acompanhante ou protagonizam alguma daquelas declarações "explosivas".

A publicidade está altamente erotizada, utilizando, com frequência, a mulher como propaganda para o homem, unida ao produto que se anuncia.

Além do mais, algumas leis dificultam um conceito claro do amor e da sexualidade, na medida em que legitimam todo tipo de casais, como se fossem uma família.

Nesse ambiente desorientado, não é raro descobrir que, cada vez mais, há redes organizadas para explorar mulheres e homens; que aumenta o número de delitos de violência e de abusos sexuais envolvendo crianças; que a difusão da pornografia descobre novas vias; que aumenta fortemente a preocupação por toda essa situação.

Mas só a preocupação não basta. É necessário estudar os problemas a fundo e sem preconceitos, com a valentia de reconhecer equívocos anteriores e a decisão de avançar nas medidas dirigidas às causas, e não só a evitar as consequências.

Nessa questão, os pais de família têm muito o que dizer, pois a primeira responsabilidade pela educação dos nossos filhos para o amor é nossa. Conhecer detalhadamente as consequências das nossas debilidades ajuda-nos a não cair nelas.

* * *

Para recordar...

- Se nos adiantarmos, as ideias dos amigos terão que desfazer primeiro as que os nossos filhos já têm: é melhor prevenir.

- Nossos filhos devem sentir orgulho de ser diferentes. Fomentar esse orgulho familiar.

Para ver...

Sexo tem um preço ("Sex has a price tag", 1996), Pam Stenzel. É possível encontrar essa e outras palestras dessa autora na internet.

A ARTE DE ENSINAR A AMAR

Para pensar...

Pense em alternativas mais saudáveis que você pode oferecer para os seus filhos se divertirem.

Se a idade para sair à noite ainda não chegou, pense em como prepará-los desde agora.

Para falar...

Temas para os pais falarem entre si:
- Comentar e aprofundar, chegando a coisas concretas, os temas expostos no ponto anterior.

Temas para falar com um filho concreto:
- Fale sobre o conteúdo do capítulo VIII deste livro: "Outras questões que devemos conhecer".

Para agir...

Objetivos de planos de ação:
- Conhecer melhor onde os nossos filhos se divertem.
- Prevenção: Falar com um filho sobre o amor verdadeiro e a sexualidade.
- Conversar com um filho sobre o que é para ele o amor e a liberdade.

Exemplo de plano de ação: "As saídas noturnas"

Situação: Paloma e Eduardo são pais de três filhos: Gabriela, de dezessete anos; Mário, de quinze; e Letícia, de treze. Há três meses, Gabriela, menina inteligente e bem formada, tem saído todas as sextas-feiras e sábados à noite, e está voltando cada vez mais tarde. Os pais estão preocupados com ela e com o exemplo que está dando aos seus irmãos.

Objetivos: Fortaleza (para Gabriela).

Meios: Conseguir que a Gabriela tenha a fortaleza suficiente para decidir livremente divertir-se de um modo melhor.

DEVEMOS CONHECER

Motivação: Paloma e Eduardo informaram-se sobre as razões que deveriam dar a Gabriela para que ela tomasse a decisão de não sair todos os fins de semana à noite. Entre outras, deram-lhe as seguintes:

- Para estar acordada à noite, é necessário violentar algum sentido: música alta, luzes coloridas, movimentos do corpo, bebidas alcoólicas, drogas, sensações sexuais com a visão, o tato, etc., capazes de alterar o sistema biológico noite-dia; e, se isto se repetir de forma contínua, pode acarretar sérios transtornos psíquicos e físicos.

- Esses tipos de violência debilitam a fortaleza da vontade, tornando mais fácil consentir em algum tipo de sexualidade não desejado em condições normais, de que você se arrepende depois.

- Você deve guardar toda a sua capacidade de amar para entregá-la ao seu futuro marido. Se você brinca com o amor, está perdendo a capacidade de ser feliz no seu casamento.

Como solução, Gabriela decidiu falar sobre esse tema com várias amigas e procurar mais alternativas para divertir-se nos fins de semana.

História: Gabriela compreendeu as razões, mas condicionou sua decisão a que várias amigas também resolvessem mudar a forma de se divertir.

No fim de semana seguinte, fizeram uma excursão cinco amigas e vários rapazes; no outro sábado, a mãe de uma das suas amigas organizou uma festa na sua casa, com música e dança, começando às oito da noite e terminando meia-noite e meia.

Resultado: Os pais souberam dar razões válidas à sua filha. Gabriela, uma líder natural, soube convencer algumas das amigas a iniciar uma mudança. Será preciso continuar com a motivação e com mais alternativas para que não voltem à situação anterior. Os pais consideravam que sair alguma noite, como antes, tampouco tinha tanta importância; o que os preocupava é que fosse sempre.

GUIA DE TRABALHO

Parte I: Capítulos I, II e III

OBJETIVOS:
- Conhecer a pessoa na sua totalidade.
- Explicar a sexualidade masculina e feminina.

TRABALHO INDIVIDUAL:
1. Uma leitura rápida e outra lenta, marcando o importante.
2. Anote as dúvidas que surgirem na interpretação do texto.
3. Leia atentamente o capítulo I e escreva duas ideias trazidas pelo autor que você achou mais interessantes.
4. Do conteúdo do capítulo II, escolha um tema e mantenha uma conversa com um dos seus filhos. Se for possível, faça um plano de ação.
5. A generosidade está diretamente relacionada com o amor. Faça um plano de ação para que um filho cresça na virtude da generosidade.
6. Sempre convém cuidar das boas relações entre todos os membros da família e reforçá-las. Faça um plano de ação para melhorar a qualidade dessas relações, pois sempre é possível crescer nisso.

7. Tenha uma conversa com algum dos seus filhos (se possível, com todos, mas individualmente) sobre a sexualidade e o amor, de acordo com a sua idade.

Guia de grupo:
1. Procurar esclarecer as dúvidas de interpretação que tenham surgido ao ler o texto.
2. Cada assistente comentará as duas ideias que lhe pareceram mais interessantes no capítulo I.
3. Expor o tema escolhido no capítulo II e contar alguma história positiva da conversa com os filhos.
4. Explicar as decisões positivas que tenham sido tomadas para incrementar as boas relações entre os membros da família.
5. Expor os planos de ação realizados no trabalho individual e contribuir com outros planos selecionados em outros grupos de trabalho.
6. Selecionar os três melhores planos de ação trazidos a essa sessão.

Parte II: *Capítulos IV e V*

OBJETIVOS:

- Ensinar os filhos a amar.
- Concretizar isso em pautas de ação.

TRABALHO INDIVIDUAL:
1. Uma leitura rápida e outra lenta, marcando o importante.
2. Anote as dúvidas que surgirem na interpretação do texto.
3. Considere as pautas de ação que correspondem à idade do seu filho (capítulo IV ou V) e faça um plano de ação baseando-se nessas pautas. Escolha a pauta que você considere mais importante.
4. De todos os temas tratados no capítulo IV, tome nota das duas ideias ou conceitos que lhe parecem mais importantes.

5. A sinceridade é uma das virtudes mais importantes; mentir, nem de brincadeira. Faça um plano de ação para desenvolver essa virtude em algum dos seus filhos.

6. A educação preventiva, como o próprio nome indica, ajuda-nos a prevenir problemas. Na arte de ensinar a amar, a prevenção é uma arma muito poderosa. Use a sua criatividade e faça um plano de ação com esse propósito.

7. No tópico *"Para falar..."*, no fim da Parte II, diz-se: "Comente com um filho os problemas que encontramos na rua em relação a esses temas, e como devemos agir". Ponha isso em prática e lembre-se do que os seus filhos lhe disserem.

8. Melhorar na autoridade sempre é vantajoso. Faça um plano de ação para os seus filhos ou para você, para fortalecer a sua autoridade.

Guia de grupo:
1. Procurar esclarecer as dúvidas de interpretação que tenham surgido ao ler o texto.
2. Compartilhar com o grupo a pauta escolhida como a mais importante e dar os motivos da escolha.
3. Comente as duas ideias ou conceitos mais importantes do capítulo IV.
4. Por que a sinceridade é uma das virtudes mais importantes?
5. Expor os planos de ação realizados no trabalho individual e contribuir com outros planos selecionados em outros grupos de trabalho.
6. Selecionar os três melhores planos de ação sugeridos na discussão.
7. Faça uma lista, entre os assistentes, dos problemas que encontramos na rua em relação à sexualidade. Compartilhar as ideias positivas trazidas pelos nossos filhos. Essa é uma tarefa complementar ao ponto 7º do guia individual.
8. TRABALHO OPCIONAL: Anotar pelo menos quatro princípios necessários para levar a cabo uma boa autoridade-serviço. Colocá-los em ordem de importância, fundamentando.

A ARTE DE ENSINAR A AMAR

Parte III: Capítulos VI, VII e VIII

OBJETIVOS:

- Ensinar nossos filhos maiores a amar.
- Concretizar isso em pautas de ação.

TRABALHO INDIVIDUAL:
1. Uma leitura rápida e outra lenta, marcando o importante.
2. Anote as dúvidas que surgirem na interpretação do texto.
3. Considere as pautas de ação que correspondem à idade do seu filho (capítulo VI ou VII) e faça um plano de ação baseando-se nessas pautas. Escolha a pauta que você considere mais importante.
4. Leia atentamente o capítulo VIII e escolha um ou dois temas para falar com seus filhos. Anote alguma das contribuições dadas pelos seus filhos.
5. Na adolescência, costumam ser frequentes as dúvidas de fé. Tenha uma longa conversa com o seu filho para fortalecer a fé dele. Faça-lhe perguntas.
6. Leia novamente o plano de ação contido no tópico *"Para agir..."*, no fim do capítulo VIII. Use a criatividade e pense em alternativas para oferecer aos filhos para que se divirtam à noite. Comente com eles e peça que deem outras sugestões.
7. Somente os atos repetidos livremente ajudam a conseguir hábitos. Faça um plano de ação para que os seus filhos saibam valorizar a liberdade e usá-la bem.
8. Premiar as notas ou os bons comportamentos com dinheiro não é o mais aconselhável. Uma boa motivação é o reconhecimento do esforço e o carinho. Faça um plano de ação para melhorar esse objetivo. Tudo pode ser feito melhor sempre.

Guia de grupo:
1. Procurar esclarecer as dúvidas de interpretação que tenham surgido ao ler o texto.

GUIA DE TRABALHO

2. Compartilhar com o grupo as pautas escolhidas como as mais importantes e dar os motivos da escolha.
3. Comente as contribuições positivas feitas pelos seus filhos ao abordar com eles algum dos temas tratados no capítulo VIII.
4. Lembrar as razões que garantem que só os atos livres repetidos ajudam a adquirir hábitos. Dar exemplos.
5. Anotar três maneiras diferentes de premiar algumas notas boas.
6. Comentar os planos de ação realizados no trabalho individual e contribuir com outros planos selecionados em outros grupos de trabalho.
7. Selecionar os três melhores planos de ação trazidos a esta sessão.
8. Dar ideias sobre o que pode ser feito para ajudar os filhos a usar bem a sua liberdade.
9. TRABALHO OPCIONAL: Apresentar alternativas às diversões noturnas dos adolescentes. Escolher a mais viável.

SUMÁRIO

PARTE I - A PESSOA E SUA SEXUALIDADE 5
CAPÍTULO I: COMEÇAR PELO COMEÇO 7
  Tudo no momento adequado 8
  A verdade, custe o que custar 10
  Planejar sempre adianta 12
  Começar é importante, mas não basta 13
  Só tem valor o que exige esforço 15
  Antes de continuar 16
CAPÍTULO II: CONSIDERAR A PESSOA NA SUA TOTALIDADE 19
  A pessoa é mais do que o seu corpo 20
  A inteligência serve para pensar 22
  Não quero um coração que me engane 23
  Cada um é cada um 25
  O outro também existe 26
  Deus não é mudo nem impassível 27
  Antes de continuar 28
CAPÍTULO III: A SEXUALIDADE MASCULINA E FEMININA 29
  Descrição anatômica da sexualidade masculina 31
  Descrição anatômica da sexualidade feminina 32
  Mais sobre a mulher 33
  O encontro das duas sexualidades 35
  Exemplo de plano de ação: "A nossa formação" 38

PARTE II - ENSINAR A AMAR DE ZERO A DOZE ANOS 41
CAPÍTULO IV: OS SEIS PRIMEIROS ANOS 43
  Primeiras referências 44
  Orientações educativas: cuidar da própria identidade 46
  Educação do pudor 48
  Guerra ao capricho. 49
  Pautas de ação: responder tudo sempre 49
  Naturalidade 50
  Não fornecer mais dados que os necessários 50
  A sós 51
  O pai ou a mãe 51
CAPÍTULO V: ESPERANDO A PUBERDADE 53
  Primeiras referências: no corpo 53
  Desenvolvimento da afetividade e dos sentimentos 54
  Da lógica à primeira abstração 55
  Períodos sensitivos dos hábitos e virtudes 57
  Orientações educativas: hábitos, hábitos, hábitos 58

O diálogo sempre adianta 60
Os amigos sempre são importantes 61
Quem se adianta chega antes 62
O impacto de uma imagem 64
A importância de um horário 66
Pautas de ação: continuar respondendo tudo 67
A sós, é claro 68
Naturalidade e delicadeza 69
Estar atualizados 70
Para os meninos, o pai; para as meninas, a mãe 71
Sempre falamos de amor e de Deus 71
Exemplo de plano de ação: "Ana faz oito anos" 73

PARTE III - SEXUALIDADE E AFETIVIDADE DOS ADOLESCENTES 75

CAPÍTULO VI - A ADOLESCÊNCIA JÁ CHEGOU 77
Primeiras referências 77
Orientações educativas: conhecer-se a si mesmo 81
Observação "à distância" 82
Piadas, revistas, músicas e filmes 83
Sair da própria sexualidade 87
Compreender para avançar 87
Pautas de ação: cuidar do ambiente adolescente 88
Treinar seriamente 90
Pudor, modéstia e pureza: três virtudes 92
Conhecer toda a realidade 94

CAPÍTULO VII: DE DEZESSEIS A DEZOITO ANOS 95
Primeiras referências 95
Orientações educativas: conhece-te a ti mesmo 97
Respeitar, compreender, amar a pessoa como ela é 100
Facilitar o voo das águias 102
Pautas de ação: o lado oculto da lua 103
Sobre as novas ocasiões 105
Uma piedade jovem e forte 108

CAPÍTULO VIII: OUTRAS QUESTÕES QUE DEVEMOS CONHECER ... 111
Patologia da sexualidade 112
Disfunções da sexualidade 113
Doenças sexualmente transmissíveis 114
Sobre o chamado sexo seguro 116
Opiniões dominantes 116
Exemplo de plano de ação: "As saídas noturnas" 118

GUIA DE TRABALHO 121
Parte I: Capítulos I, II e III 121
Parte II: Capítulos IV e V 122
Parte III: Capítulos VI, VII e VIII 124

Direção geral
Renata Ferlin Sugai

Direção de aquisição
Hugo Langone

Direção editorial
Felipe Denardi

Produção editorial
*Juliana Amato
Gabriela Haeitmann
Karine Santos
Ronaldo Vasconcelos*

Capa
Gabriela Haeitmann

Diagramação
Sérgio Ramalho

ESTE LIVRO ACABOU DE SE IMPRIMIR
A 26 DE NOVEMBRO DE 2024,
EM PAPEL PÓLEN BOLD 90g/m².